哈佛家训

一位哈佛博士的教子课本

[美]威廉·贝纳德◎编著 张 玉◎译

HARVARD
FAMILY INSTRUCTION

中国妇女出版社

图书在版编目(CIP)数据

哈佛家训 / (美) 贝纳德编著;张玉译—北京：中国妇女出版社,2004.5

ISBN 978-7-80203-975-9

Ⅰ.哈… Ⅱ.①贝…②张…Ⅲ.人生哲学-通俗读物 Ⅳ.B821-62

中国版本图书馆 CIP 数据核字（2004）第 027846 号

哈 佛 家 训

作　　者：	(美）威廉 ·贝纳德编著　张玉　译
责任编辑：	朱婷婷
丛书策划：	蓝指纹图书制造
装帧设计：	03 工舍
出　　版：	中国妇女出版社出版发行
地　　址：	北京东城区史家胡同甲 24 号　邮政编码：100010
电　　话：	(010)65133160（发行部）　(010)65133161(邮购)
网　　址：	www.womenbooks.com.cn
经　　销：	各地新华书店
印　　刷：	北京忠信诚胶印厂
开　　本：	730×970　1/16
印　　张：	15.5
字　　数：	300 千字
版　　次：	2006 年 6 月第 2 版
印　　次：	2008 年 1 月第 6 次印刷
书　　号：	ISBN 978-7-80203-975-9
定　　价：	29.80 元

序　言

　　《哈佛家训》是我送给儿子和女儿的一份特殊的人生礼物。我深切地感到，父母不仅要用牛奶和面包将子女养大，在他们成长的过程中，我们还要及时用完美的思想熏陶他们的灵魂。

　　子女是父母爱情的结晶。生下他们，并不只是让我们得到做父母的愉悦，更重要的是让我们去教导他们，用正确的人生观念启迪他们，使他们真正成为人类智慧的精英，成为大地上生命的强者。我们要担负起这个责任，应该好好去履行做父母的职责。

　　几乎所有的年轻人都渴望拥有成功的人生。然而，他们中的一些人因为缺少正确的指导，往往事倍功半，甚至不小心误入歧途。青少年时期形成的观念，会以不同的方式影响一个人的一生，所以，在人生开始的时候，应该让他们接受高尚的思想，修炼优良的操行，形成健康的习惯。

　　《哈佛家训》中编选的每一个故事都具有丰富的教育功能和深刻的生活意义，不仅可以激发青少年对社会、人生进行多角度的思考，还可以点燃他们内心深处的智慧火花，使他们见微知著，从一滴水看见大海，由一缕阳光洞见整个宇宙。

这是一部教子课本，也是一部成人的修身指南。许多望子成龙的人，总是认为孩子应该这样做或那样做，他们自己却经常背道而驰。父母觉得自己比孩子高明，但事实并非如此。如果我们没有比孩子们做得更好，我们至少应该和他们一起成长。

所有阅读这本书的读者——无论是涉世未深的青少年，还是经历过世事风雨的成年人，如果因为这本书中的某一个故事或者是某一句话而改变了人生，从而使自己由平庸变得非凡，从失败走向成功，那我们就感到心满意足了。

威廉·贝纳德
2004年2月于纽约

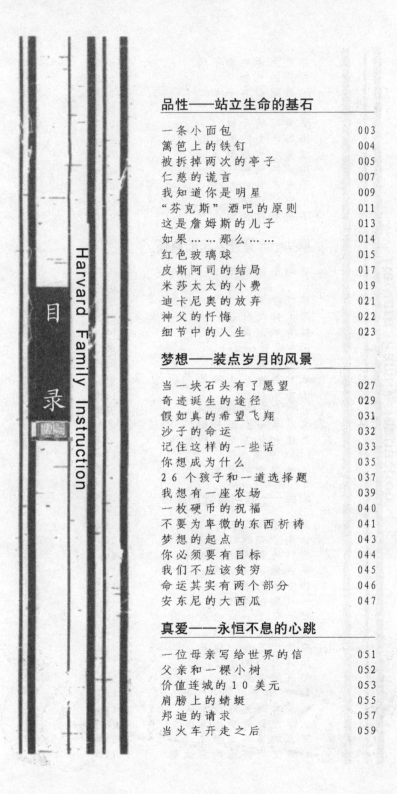

目录

Harvard Family Instruction

成功——奋斗人生的酒杯

思维——通向真理的捷径

目 录

Harvard Family Instruction

目录

目 录

Harvard Family Instruction

勇气——正直无畏的面对

觉悟——朴实无华的光芒

Harvard
Family Instruction

品　性

站立生命的基石

Harvard
Family Instruction

HARVARD
FAMILY
INSTRUCTION

一条小面包

经济大萧条时期，一位富有的面包师把城里最穷的 20 个小孩召唤来，对他们说："在上帝带来好光景以前，你们每天都可以来拿一条面包。"

每天早晨，这些饥饿的孩子蜂拥而上，围住装面包的篮子你推我嚷，因为他们都想拿到最大的一条面包。等他们拿到了面包，顾不上向好心的面包师说声谢谢，就慌忙跑开了。

只有格琳琴，这位衣着贫寒的小姑娘，既没有同大家一起吵闹，也没有与其他人争抢。她只是谦让地站在一步之外，等其他孩子离去以后，才拿起剩在篮子里最小的一条面包。她从来不会忘记亲吻面包师的手以表示感激，然后才捧着面包高高兴兴地跑回家。

有一天，别的孩子走了之后，羞怯的小格琳琴得到一条比原来更小的面包。但她依然不忘亲吻面包师，并向他表达真诚的谢意。回家以后，妈妈切开面包，发现里面竟然藏着几枚崭新发亮的银币。

妈妈惊奇地叫道："格琳琴，立即把钱送回去，一定是面包师揉面的时候不小心掉进去的，赶快去，把钱亲自交给好心的面包师！"

当小姑娘把银币送回去的时候，面包师说："不，我的孩子，这没有错，是我特意把它们放进去的。我要告诉你一个道理：谦让的人，上帝会给予他幸福。愿你永远保持一颗宁静、感恩的心。回家去吧，告诉你妈妈，这些钱是上帝的奖赏。"

谦让的心，有如宇宙中的天空，有如大地上的海洋和山谷——谦让者因宽容而博大，因博大而有力。

好争的人，天将与之相争；谦让的人，天将与之相让。

篱笆上的铁钉

你的朋友和你的家人都是你宝贵的生命财富，他们让你更自信，让你更勇敢。他们总是随时倾听你的忧伤，你需要他们的时候，他们会支持你，向你敞开心扉。可是，有时你会说出伤害他们的话，或者做出让他们痛心的事情。不要认为他们不会介意，就像在篱笆上钉过钉子一样，伤害会留下永远的痕迹。

坏脾气是一柄双刃剑，它在伤害别人的时候，同时也伤害了自己。

从前，有一个脾气很坏的男孩，他的爸爸给了他一袋钉子，告诉他，每次发脾气或者跟别人吵架以后，就在院子的篱笆上钉一根钉子。

第一天，男孩钉了 37 根钉子。以后的日子里，他慢慢学着控制自己的脾气，每天钉的钉子逐渐减少了。他发现，控制自己的脾气实际上比钉钉子要容易的多。

终于有一天，一根钉子都没有钉，他高兴地把这件事告诉了爸爸。

爸爸说："从今以后，如果你一天都没有发脾气，就可以从篱笆上拔掉一根钉子。"日子一天一天过去，最后，篱笆上的钉子被全部拔光了。

爸爸带他来到篱笆边，对他说："儿子，你做得很好，可是，看看篱笆上的钉孔吧，这些洞永远也不可能恢复原来的样子了。就像你和一个人吵架，说了些难听的话，你就会在他心里留下一个伤口，像这个钉子洞一样。"

插一把刀子在一个人的身体里，再拔出来，伤口就难以愈合了。无论你怎么道歉，伤口总是在那儿。要知道，身体上的伤口和心灵上的伤口一样都难以恢复。

被拆掉两次的亭子

墨西哥总统福克斯以诚实守信的品德而受到国人的尊重，他一生做人的原则就是两个字：诚实。正是这样的人格品质，使他从一个普通的推销员成为一个国家的总统。

一次，福克斯受邀到一所大学演讲，一个学生问他："政坛历来充满欺诈，在你从政的经历中有没有撒过谎？"

福克斯说："不，从来没有。"

大学生在下面窃窃私语，有的还轻声笑出来，因为每一个政客都会这样表白。他们总是发誓，说自己从来没有撒谎。

福克斯并不气恼，他对大学生说："孩子们，在这个社会上，也许我很难证明自己是个诚实的人，但是你们应该相信，这个世界上还有诚实，它永远都在我们的周围。我想讲一个故事，也许你们听过就忘了，但是这个故事对我却很有意义。"

——有一位父亲是一个农场主。有一天，他觉得园中的那座亭子已经太破旧了，就安排工人们准备将它拆掉。他的儿子对拆亭子这件事很感兴趣，于是对父亲说："爸爸，我想看看你们怎么拆掉这座亭子，等我从寄宿学校放假回来再拆好吗？"

父亲答应了。

可是，等孩子走后，工人们很快就把亭子拆掉了。

孩子放假回来后，发现旧亭子已经不见了。他闷闷不乐地对父亲说："爸爸，你对我撒谎了。"

父亲惊异地看着孩子。孩子继续说："你说过的，那座旧亭子要等我回来再拆。"父亲说："孩子，爸爸错了，我应该兑现自己的诺言。"

这位父亲重新召来工人，让他们按照旧亭子的模样在原来的地方再造一座亭子。亭子造好后，他将孩子叫来，然后对工人们说："现在，请你们把它拆掉。"

——福克斯说，我认识这位父亲，他并不富有，但是他却在孩子面前实现了自己的承诺。

学生们听后问到："请问这位父亲叫什么名字？我们希望认识他。"福克斯说："他已经过世了，但是他的儿子还活着。"

"那么，他的孩子在哪里？他应该是一位诚实的人。"福克斯平静地说："他的孩子现在就站在这里，就是我，墨西哥总统福克斯。"

福克斯接着说："我想告诉大家的是，我愿意像父亲对我一样对待这个国家，对待这个国家的每一个人。"

台下掌声雷动。

将一座亭子拆建两次，绝不仅仅为了满足一个孩子的愿望，更是为了满足一个成人自我完善的道德要求。

在社会生活中，失信会增大交际成本，会使许多简单的事变得艰难甚至不可能。所以，一个希望得到社会尊重和支持的人，是不愿意牺牲诚信原则的。

在园子里重新拆掉一座亭子，就在孩子的心里重建了一座亭子，这座亭子就是一个信念——对诚信的信念。

仁慈的谎言

1848 年，美国南部一个安静的小镇上，一声刺耳的枪声划破了午后的沉寂。

刚入警察局不久的年轻助手，听到枪声，就随警长匆匆奔向出事地点。

一位青年人被发现倒在卧室的地板上，身下一片血迹，右手已无力地松开，手枪落在身旁的地上，身边的遗书笔迹纷乱。他倾心钟情的女子，就在前一天与另一个男人走进了教堂。

屋外挤满了围观的人群，死者的6位亲属都呆呆伫立着，年轻的警察禁不住向他们投去同情的一瞥。他知道，他们的哀伤与绝望，不仅因为亲人的逝去，还因为他们是基督教徒。对于基督教徒来说，自杀便是在上帝面前犯了罪，他的灵魂从此将在地狱里饱受烈焰焚烧。而风气保守的小镇居民，会视他们全家为异教徒，从此不会有好人家的男孩子约会他们的女儿们，也不会有良家女子肯接受这个家族男子们的戒指和玫瑰。

这时，一直沉默着双眉锁紧的警长突然开了口："这是一起谋杀。"他弯下腰，在死者身上探摸了许久，忽然转过头来，用威严的语调问道："你们有谁看见他的银挂表吗？"

那块银挂表，镇上的每个人都认得，是那个女子送给年轻人惟一的信物。人们都记得，在人群集中的地方，这个年轻人总是每隔几分钟便拿出这块表看一次时间。在阳光下，银挂表闪闪发光，仿佛一颗银色温柔的心。

所有的人都忙乱地否认，包括围在门外看热闹的那些人。

警长严肃地站起身："如果你们谁都没看到，那就一定是凶手拿走了，这是典型的谋财害命。"

死者的亲人们嚎啕大哭起来，耻辱的十字架突然化成了亲情的悲痛，原来冷眼旁观的邻居们也开始走近他们，表达慰问和吊唁。警长充满信心地宣布："只要找到银表，就可以找到凶手了。"

门外阳光明媚，六月的大草原绿浪滚滚。年轻助手对警长明察秋毫的判断钦佩有加，他不无虔诚地问道："我们该从哪里开始找这块表呢？"

警长的嘴角露出一抹难以察觉的笑意，伸手慢慢地从口袋里掏出了一块银表。

年轻人禁不住叫出声来："难道是……"

警长看着周围广阔的草原，依然保持沉默。

"那么，他肯定是自杀。你为什么硬要说是谋杀呢？"

"这样说了，他的亲人们就不用担心他灵魂的去向，而他们自己在悲痛之后，还可以像任何一个基督徒一样开始清清白白的生活。"

"可是你说了谎，说谎也是违背十诫的。"

警长用锐利的眼睛盯着助手，一字一顿地说："年轻人，请相信我，6 个人的一生，比摩西十诫的百倍还重要。而一句因为仁慈而说出的谎言，只怕上帝也会装着没有听见。"

那是年轻警官遇到的第一桩案子，也是他一生中最有意义的一课。

上帝在对我们进行判断的时候，决不只看我们在怎样说或怎样做，而是在乎我们为什么这样说和这样做。

喜欢用美丽的语言和漂亮的行动装饰自己的人，最好先看一看自己的内心，然后再瞅一瞅上帝的眼神。

我知道你是明星

电影明星洛依德将车开到检修站，一个女工接待了他。她熟练灵巧的双手和年轻俊美的容貌一下子吸引了他。

整个巴黎都知道他，但这个姑娘却没表示出丝毫的惊讶和兴奋。

"您喜欢看电影吗？"他不禁问道。"当然喜欢，我是个电影迷。"

她手脚麻利，看得出她的修车技术非常熟练。半小时不到，她就修好了车。

"您可以开走了，先生。"

他却依依不舍："小姐，您可以陪我去兜兜风吗？"

"不，先生，我还有工作。"

"这同样是您的工作。您修的车，难道不亲自检查一下吗？"

"好吧，是您开还是我开？"

"当然我开，是我邀请您的嘛。"

车跑得很好。姑娘说："看来没有什么问题，请让我下车好吗？"

"怎么，您不想再陪陪我吗？我再问您一遍，您喜欢看电影吗？"

"我回答过了，喜欢，而且是个影迷。"

"您不认识我？"

"怎么不认识，您一来我就认出，您是当代影帝阿列克斯·

洛依德。"

"既然如此,您为何对我这样冷淡?"

"不!您错了,我没有冷淡。只是没有像别的女孩子那样狂热。您有您的成绩,我有我的工作。您今天来修车,是我的顾客,我就像接待顾客一样接待您;将来如果您不再是明星了,再来修车,我也会像今天一样接待您。人与人之间不应该是这样吗?"

他沉默了。在这个普通的女工面前,他感觉到自己的浅薄与狂妄。

"小姐,谢谢!您让我受到了一次很好的教育。现在,我送您回去。再要修车的话,我还会来找您。"

对权贵和名流的崇拜,只能给我们自己带来两种结果:第一是对自卑心的安慰,第二是对自尊心的亵渎。

人生而平等,生活中的每个人都一样重要,我们有什么必要降低自己的人格去向权贵和名流表达平白无故的敬意?

恪守本分,不卑不亢,如此做人才不丧失尊严。可是,生活里有多少人能够这样?

公正地说,你的这篇故事写得还不错。不过艾力克,作为一个11岁的孩子,竟然把父母的形象描绘得这样糟糕,的确是我不愿看到的。我问你,难道我和你妈妈真有这么坏吗?

"芬克斯"酒吧的原则

有一位名叫罗斯恰尔斯的犹太人，在耶路撒冷开了一家名为"芬克斯"的酒吧。酒吧的面积不大，只有30平方米，但它却声名远扬。

有一天，他接到一个电话，那人用十分委婉的口气和他商量说："我有10个随从，他们将和我一起前往你的酒吧。为了方便，你能谢绝其他顾客吗？"

罗斯恰尔斯毫不犹豫地说："我欢迎你们来，但要谢绝其他顾客，这不可能。"

打电话的不是别人，是美国国务卿基辛格博士。他是在访问中东的议程即将结束时，在别人的推荐下，才打算到"芬克斯"酒吧的。

基辛格最后坦言告诉他："我是出访中东的美国国务卿，我希望你能考虑一下我的要求。"罗斯恰尔斯礼貌地对他说："先生，您愿意光临本店我深感荣幸，但是，因您的缘故而将其他人拒之门外，我无论如何也办不到。"

基辛格博士听后，摔掉了手中的电话。

第二天傍晚，罗斯恰尔斯又接到了基辛格的电话。首先他对昨天的失礼表示歉意，说明天只打算带三个人来，只订一桌，并且不必谢绝其他客人。

罗斯恰尔斯说："非常感谢您，但是我还是无法满足您的要求。"

基辛格很意外，问："为什么？"

"对不起，先生，明天是星期六，本店休息。"

"可是，后天我就要回美国了，您能否破例一次呢?"

罗斯恰尔斯很诚恳地说:"不行，我是犹太人，您该知道，礼拜六是个神圣的日子，如果经营，那是对神的玷污。"

基辛格无言以对，他只好无奈地离开了耶路撒冷，至今也没能在中东享受这家小酒吧的服务。

这个故事，可能很多人不信，但事实确是这样。这家小酒吧连续多年被美国《新闻周刊》列入世界最佳酒吧前十五名。一个只有30平方米的小酒吧，竟能享受如此之高的美誉，的确令人惊讶。但当你读过并相信了这个故事之后，恐怕对其中原因就不言自明了。

在罗斯恰尔斯的身上体现了一种十分珍贵的品质，那就是:拒绝的勇气。在需要拒绝的时候，他敢于拒绝任何人——包括基辛格那样的高官和权贵。

拒绝是一门最棘手的艺术。它经常被认为是一种不善的行为，其实，拒绝有时候恰恰是一种美德。

只有那些能够在适当的时候拒绝一些东西的人，生活才能过得洒脱自尊。

学会拒绝，学会说NO。

这是詹姆斯的儿子

　　有一年夏天，拉姆的父亲叫他去为自己的农场买些铁丝和修栅栏用的木材。当时拉姆16岁，特别喜欢驾驶自家那辆"追猎"牌小货车。但是这一次他的情绪可不是那么高，因为父亲要他去一家商店赊货。

　　16岁是满怀傲气的年龄，一个年轻人想要得到的是尊重而不是怜悯。当时是1976年，美国人的生活中到处仍笼罩着种族主义的阴影。拉姆曾亲眼目睹过自己的朋友在向店老板赊账时屈辱地低头站着，而商店的老板则趾高气扬地盘问他是否有偿还能力。拉姆知道，像他这样的黑人青年一走进商店，售货员就会像看贼一样地盯着他。拉姆的父亲是个非常守本分的人，从来没有欠账不还的情况。但谁知道别人会不会相信他们？

　　拉姆来到戴维斯百货商店，只见老板巴克·戴维斯站在出纳机后面，正在与一位中年人谈话。老板是位高个子男人，看上去饱经风霜。拉姆走向五金柜台时，慌张地对老板点了点头。拉姆花了很长时间选好了所需要的商品，然后有点胆怯地拿到出纳机前。他小心地对老板说："对不起，戴维斯先生，这次我们得赊账。"

　　那个先前和戴维斯谈话的中年人向拉姆投来轻蔑的一瞥，脸上立刻露出鄙视的神色。然而戴维斯先生的表情却没有任何变化，他很随和地说："行，没问题。你父亲是一位讲信用的人。"说着，他又转向中年人，手指着拉姆介绍道："这是詹姆斯·威廉斯的儿子。"

　　就是在那一天，詹姆斯·威廉斯的儿子，一个16岁的少年，发现一个好名声竟然能够给一个人带来如此意想不到的收获。他父母所获得的好名声，不仅使他们全家人赢得了邻居们的尊敬，而且还为他将来的创业奠定了良好的基础。

　　好名声是一笔财富，它的价值是任何数字都无法表达的。

如果······那么······

这是诺贝尔文学奖得主吉卜林写给他 12 岁儿子的一首诗：

如果在众人六神无主之时，你能镇定自若而不是人云亦云；

如果被众人猜忌怀疑时你能自信如常而不去妄加辩论；

如果你有梦想，又能不迷失自我；

如果你有神思，又不至于走火入魔；

如果在成功之时能不喜形于色，而在灾难之后也勇于咀嚼苦果；

如果看到自己追求的美好破灭为一堆零碎的瓦砾，也不说放弃；

如果辛苦劳作已是功成名就，为了新目标依然冒险一搏，哪怕功名化为乌有；

如果你跟村夫交谈而不变谦恭之态，和王侯散步而不露谄媚之颜；

如果他人的意志左右不了你；

如果你与任何人为伍都能卓然独立；

如果昏惑的骚扰动摇不了你的信念，你能等自己平心静气，再作应对——

那么，你的修养就会如天地般博大，而你，就是一个真正的男子汉了，我的儿子！

这是一个父亲对儿子的殷切期望，它代表了天下父母对子女的共同情怀。可是，所有为人之父、为人之母者，当我们阅读这首诗的时候，有几个人能无愧地说：我就是这样！

倘若我们的所为使自己还不能这样自信，那么，从现在起，每天看着孩子的眼睛，和他们一起朗诵这首诗吧！

红色玻璃球

爱达荷州东南部的一个小镇上，有一位名叫米勒斯的小蔬菜商。在经济大萧条的时期，米勒斯先生总是在路边摆一个小菜摊，镇上的人办完事回家时，就顺便到这里采购一些新鲜的蔬菜。当时食品和钱都极度紧缺，物物交换就被广泛采用了。

在镇上，有几个家里很穷的孩子，他们经常光顾米勒斯先生的菜摊。不过，他们似乎并不想购买什么东西，只是来欣赏那些在当时非常珍贵的物品。尽管如此，米勒斯先生总是热情地接待他们，就像对待每一个来买菜的大人一样。

"你好，巴里！今天还好吧？"

"你好，米勒斯先生。我很好，谢谢。这些豌豆看起来真不错。"

"可不是嘛。巴里，你妈妈身体怎么样？"

"还好。一直在好转。"

"那就好。你想要点什么吗？"

"不，先生。我觉得你的那些豌豆真新鲜呀！"

"你要带点儿回家吗？"

"不，先生。我没钱买。"

"你有什么东西和我交换吗？用东西交换也可以呀！"

"哦……我只有几颗赢来的玻璃球。"

"真的吗？让我看看。"

"给，你看。这是最好的。"

"看得出来。嗯，只不过这是个蓝色的，我想要个红色的。你家里有红色的吗？"

“差不多有吧！”

“这样，你先把这袋豌豆带回家，下次来的时候让我看看那个红色玻璃球。”

“一定。谢谢你，米勒斯先生。”

每次米勒斯先生和这些小顾客交谈时，米勒斯太太就会默默地站在一旁，面带微笑地看着他们谈判。她熟悉这种游戏，也理解丈夫所做的一切。镇上还有两个像巴里一样的小男孩，这三个孩子的家境都非常不好，他们没有钱买菜，也没有任何值钱的东西可以交换。为了帮助他们，又显得没自然，米勒斯就这样假装着和他们为一个玻璃球讨价还价。就像巴里，这次他有一个蓝色的玻璃球，可是米勒斯先生想要红色的；下次他一准儿会带着红玻璃球来，到时候米勒斯又会让他再换个绿的或桔红的来。当然打发他回家的时候，一定会让他捎上一袋子上好的蔬菜。

多少年过去了，米勒斯先生因病去世。镇上所有的人都去向他的遗体告别，并向米勒斯太太表示慰问，包括那些年幼的孩子。在长长的告别队伍前面，有三个引人注目的小伙子，一位身着戎装，另两位头戴礼帽，身着笔挺的黑西服白衬衫，相当体面庄重。

米勒斯太太站在丈夫的灵柩前。小伙子们走上前去，逐一拥抱她，亲吻她的面颊，和她小声地说几句话。然后，她泪眼蒙蒙地目视他们在灵柩前停留，看着他们把自己温暖的手放在米勒斯先生冰冷苍白的手上。这三个小伙子就是当年经常用玻璃球之类的小玩艺儿和米勒斯先生交换蔬菜食品的那几个穷孩子。在同米勒斯太太握手慰问的时候，他们告诉她，他们多么感激米勒斯先生，感谢他当年“换给”他们的东西。

现在，米勒斯先生再也不会再对玻璃球的颜色和大小改变主意了，这三个孩子也再不需要他接济度日，但是，他们永远都不会忘记他。虽然米勒斯先生一生从没发过大财，可是现在，他完全有理由认为，自己是爱达荷州最富有的人。在他已经失去生命的右手里，正握着三颗晶莹闪亮的红色玻璃球。

同情心是可贵的，但同情常常会不自觉地演变为对自我的炫耀和对他人的可怜。如果是这样，同情已不是同情，同情就变成了虚荣和轻视。

付出了同情又不流露，这是平常人难以做到的。米勒斯先生做到了，因为他付出的不仅是同情，还有爱。

皮斯阿司的结局

公元前 4 世纪，在意大利，有一个名叫皮斯阿司的年轻人触犯了法律被判绞刑，将在某个择定的日子被处死。皮斯阿司是个孝子，在临死之前，他希望能与远在百里之外的母亲见最后一面，以表达他对母亲的歉意，因为他再也不能孝敬母亲了。

他的这一要求被国王准许了，但交换条件是，皮斯阿司必须找一个人来替他坐牢。这是一个看似简单其实近乎不可能做到的条件。假如皮斯阿司一去不返怎么办？谁愿意冒着被杀头的危险来干这件蠢事呢？

这个消息传出后，有一个人表示愿意来替换坐牢——他就是皮斯阿司的朋友达蒙。

达蒙住进牢房以后，皮斯阿司就赶回家与母亲诀别，人们都静静地等着事态的发展。日子如水一样流逝，眼看刑期在即，皮斯阿司却音讯全无。人们一时间议论纷纷，都说达蒙上了皮斯阿司的当。

行刑日是个雨天，因为皮斯阿司没有如期归来，只好由达蒙替死。当达蒙被押赴刑场时，围观的人都笑他是个傻瓜。也有人对他产生了同情，更多的人却是幸灾乐祸。但刑车上的达蒙，不但面无惧色，反而有一种慷慨赴死的豪情。

追魂炮被点燃了，绞索已经挂在达蒙的脖子上。胆小的人吓得紧闭了双眼，他们在内心深处为达蒙惋惜，并痛恨那个出卖朋友的小人皮斯阿司。

千钧一发之际，在淋漓的风雨中，皮斯阿司飞奔而来！他高声喊着："我回来了！我回来了！"这真正是人世间最最感人的一幕，大多数人都以为自己是在梦中，但事实不容怀疑，皮斯阿司已经冲到达蒙的身边，他们紧紧地拥抱在一起。

大概只是一会儿的工夫，国王便知道了这件事。他亲自赶到刑场，要亲眼看一看自己如此优秀的子民。喜悦万分的国王立即为皮斯阿司松了绑，亲口赦免了他，并且重重地奖赏了他的朋友达蒙。

"你认为，我可以把这张成绩单交给我爸爸吗？"

"如果你爸爸的性格不像我爸爸那么粗暴，同时他的心脏也很健康的话，你不妨试着让他看一看。不过，我不能保证你的安全。"

真正的朋友需要信任，这就是达蒙为什么敢代人坐牢的缘故；真正的朋友更需要忠诚，所以，皮斯阿司本可逃脱一死，仍然视死如归。因为忠诚，才得信任；因为有信任，才必须要有忠诚。

忠诚和信任缺少一个，这个故事的结局就会完全改写。

米莎太太的小费

　　第一次走出乡村的米莎太太，拖着两个很大的行李箱，走进了候机大厅。环顾四周，寻觅了半天，也没有找到说好要来接她的侄子。她轻叹了一口气，只好坐下来等候。

　　因为刚刚做过肾脏手术，米莎太太一直要频繁地上厕所，可是她又不敢丢下行李箱不管。她带的许多东西虽然不很值钱，但却很珍贵，因为那是她给远在都市里的亲友们积攒了多年的礼物。她只得一边忍耐着，一边焦急地东张西望，盼着侄儿早点出现。

　　"太太，需要帮忙吗？"一个坐在旁边候机的年轻人，面带微笑地问她。

　　"哦，不，暂时不需要。"米莎打量了年轻人一眼。

　　身着休闲服的年轻人掏出一本书，专心致志地阅读起来。

　　"这个不守时的家伙，等会儿非得训斥他不可。"米莎太太开始埋怨起来。

　　又过了一会儿，米莎太太实在忍不住了，她向身旁的年轻人恳求道："请帮我照看一下行李，我去一趟洗手间。"

　　年轻人非常愉快地点了点头。

　　米莎太太很快回来了，她感激地掏出一美元，递给年轻人："谢谢你帮我照看东西，这是你应得的报酬。"

　　望着老人一脸的认真，年轻人回一声"谢谢"，接过钱放进了衣兜。

　　这时，米莎太太的侄子快步从门口走了进来，他刚要解释迟到的原因，忽然惊喜地冲着老人身旁的年轻人叫道："你好，盖茨先生。没想到你会在这里候机！"

"哦，是的。我的工作需要我经常到处跑。"年轻人收起书，准备去检票口检票。

"哪个盖茨？"米莎太太不解地追问道。

"就是我常常跟您说起的世界首富，微软公司总裁比尔·盖茨先生啊！"

"啊，我刚才还给过他一美元的小费呢。"米莎太太满脸自豪地说。

"他真的接受了你一美元的小费吗？"侄子惊讶地张大了嘴巴。

"没错，我很高兴今天在候机的时候还有一美元的收入，因为我帮助这位太太做了一件很小的事。"盖茨回头坦然地答道。

一美元是微不足道的，但在这里，它却表现出了金钱最纯正的品质：在清贫的乡村老妇米莎太太眼里，那是对一种劳动必须支付的报酬；而对于身家数百亿美元的世界首富盖茨来说，接受这一美元，是对一份真诚谢意的礼貌回应和尊重。

迪卡尼奥的放弃

在英国的曼彻斯特城，英格兰超级足球联赛第18轮的一场比赛在埃弗顿队与西汉姆联队之间进行。比赛只剩下最后一分钟时，场上的比分仍然是1:1。

这时，埃弗顿队的守门员杰拉德在扑球时膝盖扭伤，巨痛使得他将四肢抱成一团在地上滚动，而足球恰好被传给了潜伏在禁区的西汉姆联队球员迪卡尼奥。

球场上原来的一片沸腾顿时肃静下来，所有的人都在等待。迪卡尼奥离球门只有12米左右，无需任何技术，只要一点点力量，就可以把球从容打进对方球门。那样，西汉姆联队就将以2:1获胜，在积分榜上，他们因此可以增加两分。

埃弗顿队之前已经连败两轮，这个球一进，他们就将遭受苦涩的"三连败"。

在几万现场球迷的注视下——如果算上电视机前的观众，应该是数百万人的注视下，西汉姆联队的迪卡尼奥没有用脚踢球，而是将球抱在了怀中。

掌声，全场雷动的掌声，如潮水般滚动的掌声，把赞美之情献给了放弃射门的迪卡尼奥，或者说，是献给迪卡尼奥体现出来的崇高的体育精神——和平、友谊、健康、正义！

二战时还发生过这样一件事：黎明时分，一个士兵伏在战壕里，手握着上膛的枪瞄着敌人的方向。这时候，对方阵地上走出了一个人。士兵正要扣动扳机，突然发现那个人没有带枪，而且已经松掉裤子开始小便。士兵放开了扣扳机的手指，他想：我不能向一个没带枪而且正在小便的人射击，这是不公平的。

这个故事里的士兵，其行为逻辑和迪卡尼奥十分相似。他们这样做，不能被解释为善良，实际上是一种比善良更理性的正义。

对一个人来说，善良是可贵的；但对一个世界来说，正义具有更崇高的精神价值。因为多数时候，人们并不缺少善良，却缺少正义。

神父的忏悔

神父很苦恼，事情的起因是由于一个男人在他面前作过一次忏悔。

"实话相告，我是个杀人犯。"

那男人坦白说，他是一起杀人案中真正的凶手，而该案的嫌疑犯已被逮捕并判处死刑。神父本应该向警察局报告这件事的真相，可是他的教规严禁将忏悔者的秘密泄漏他人。

他不知如何是好。如果就这样保持沉默，一个无辜的人即将冤死，这会使他良心不安。但是要打破教规，这对于发誓将一生献给上帝的他来说，无论如何也做不到。他陷入了进退两难之中。

最后，他决定保持沉默。于是，他来到另一个神父的面前忏悔。

"我将眼看着一个无辜的人被处死……"

他陈述了事情的来龙去脉。

这位神父朋友也为难了。想来想去，他也决定保持沉默。为了逃避良心的谴责，他又向另外一个神父忏悔……

在刑场上，神父问死囚："你还有什么要说的吗？"

"我没有罪，我冤枉！"死囚叫道。

"这我知道。"神父回答，"你是无辜的，全国的神父都知道。但是，我们有什么办法呢？"

每个人一生中都见证过无数真相，见证过无数丑闻，但因为这些事与己无关，或者与己有关同时也关系他人，为了明哲保身免担风险，就选择沉默。

沉默是一种推卸责任的方式，就如故事中的神父。这样的神父多了，人类的良知就沦丧了。

细节中的人生

杰克和汤姆经过一家五星级饭店，看到一辆豪华轿车停在门口。杰克不屑地对汤姆说："据我所知，坐这种车的人，脑子里一定没有什么学问！" 汤姆则轻描淡写地回答："据我所知，说这种话的人，口袋里一定没有多少钱！"

⊙不同的人会有不同的立场，而不同的立场总是和不同的处境有关。

晚饭后，母亲和女儿一块儿在厨房洗碗，父亲和儿子在客厅看足球赛。突然，厨房里传来瓷盘落地的破碎声，然后一片沉寂。

儿子望着父亲，说道："一定是妈妈打破的。"

"你怎么知道？"

"这回她没有骂人。"

⊙人们总是习惯以不同的标准来对人对己，往往是责人以严，待己以宽。

有两个观光团到日本伊豆半岛旅游，这里路况很坏，到处都是密密麻麻的坑洞。其中一位导游一路连声抱歉，说这路面简直太坏了，请多多包涵。而另一个导游却诗意盎然地对游客说："诸位女士先生请注意，我们现在走过的这条道路，正是遐迩闻名的伊豆迷人的酒窝大道！"

⊙虽是同样的情况，然而不同的意念，就会产生不同的效果。思想是奇妙的，如何去想，决定权在你自己。

小学三年级学生汉斯，在作文中说，他将来的志愿是当一名杂技团的小丑。一位老师的批示是："为什么不想当总统？"
另一个老师看了后则说："愿你把欢笑带给世界！"

⊙每个人都有自己的人生选择，热爱和快乐才是选择的最好依据。

有一位女士在首饰店里看到两只一模一样的手环，一个标价五百五十美元，另一个却只标价二百五十美元。她大为欣喜，立刻买下二百五十美元的那一只。一位店员神秘地对另一位店员说："这是一种永远都不过时的促销手段。"

⊙世上总是有各种各样的陷阱，但吃亏上当的通常是性情贪婪的人。

有一位表演大师上场前，他的弟子告诉他鞋带松了。大师点头致谢，蹲下来认真系好。等到弟子转身后，他又蹲下来将鞋带解松。有个旁观者看到了这一切，不解地问："大师，您为什么又要将鞋带解松呢？"

大师回答道："因为我扮演的是一位劳累的旅人，让他的鞋带松开，可以表现他长途跋涉的劳累憔悴。"

"那你为什么不直接告诉你的弟子呢？"

"他能细心地发现我的鞋带松了，并且热心地告诉我，说明他很关心我，我要保护他这种热情，及时地给他鼓励。至于将鞋带松开的原因，将来会有很多机会告诉他。"

⊙真正的智者，是既知道是非，又知道怎样恰当表达是非观点的人。

想知道一个人的品性，就去看他在日常生活中流露的细节。

你想掩饰一些不好的东西，但你身上的细节却会无情地展示它们。

Harvard Family Instruction

梦　想

Harvard Family Instruction

HARVARD
FAMILY
INSTRUCTION

当一块石头有了愿望

一位名叫希瓦勒的乡村邮递员，每天徒步奔走在各个村庄之间。有一天，他在崎岖的山路上被一块石头绊倒了。

他发现，绊倒他的那块石头样子十分奇特。他拾起那块石头，左看右看，有些爱不释手了。

于是，他把那块石头放进自己的邮包里。村子里的人们看到他的邮包里除了信件之外，还有一块沉重的石头，都感到很奇怪，便好意地对他说："把它扔了吧，你还要走那么多路，这可是一个不小的负担。"

他取出那块石头，炫耀地说："你们看，有谁见过这样美丽的石头？"

人们都笑了："这样的石头山上到处都是，够你捡一辈子。"

回到家里，他突然产生一个念头，如果用这些美丽的石头建造一座城堡，那将是多么美丽啊！

于是，他每天在送信的途中都会找到几块好看的石头，不久，他便收集了一大堆。但离建造城堡的数量还远远不够。

于是，他开始推着独轮车送信，只要发现中意的石头，就会装上独轮车。

此后，他再也没有过上一天安闲的日子。白天他是一个邮差和一个运输石头的苦力；晚上他又是一个建筑师。他按照自己天马行空的想像来构造自己的城堡。

所有的人都感到不可思议，认为他的大脑出了问题。

二十多年以后，在他偏僻的住处，出现了许多错落有致的城堡，有清真寺式的、有印度神教式的、有基督教式的……当地人都知道有这样一个性格偏执、沉默不语的邮差，在干一些如同小孩建筑沙堡的游戏。

1905 年，法国一家报社的记者偶然发现了这群城堡，这里的风景和城堡的建造格局令他慨叹不已。为此写了一篇介绍希瓦勒的文章。文章刊出后，希瓦勒迅速成为新闻人物。许多人都慕名前来参观，连当时最有声望的大师级人物毕加索也专程参观了他的建筑。

现在，这个城堡已成为法国最著名的风景旅游点，它的名字就叫做"邮递员希瓦勒之理想宫"。

在城堡的石块上，希瓦勒当年刻下的一些话还清晰可见，有一句就刻在入口处的一块石头上："我想知道一块有了愿望的石头能走多远。"

据说，这就是那块当年绊倒过希瓦勒的第一块石头。

当一块石头有了愿望，它就不再是石头，也不再静卧在泥土之中。

如果让生命中的每一样东西都拥有愿望，我们的人生将会多么绚丽！

首先，我们自己要有愿望——没有愿望就没有奇迹。

奇迹诞生的途径

1968年的春天，罗伯特·舒乐博士立志在加州用玻璃建造一座水晶大教堂，他向著名的设计师菲力普·约翰逊表达了自己的构想："我要的不是一座普通的教堂，我要在人间建筑一座伊甸园。"

约翰逊问起他的预算情况，舒乐博士坚定而明快地说："我现在一分钱也没有，所以100万美元与1000万美元的预算对我来说没有区别。重要的是，这座教堂本身要具有足够的魅力来吸引捐款。"

教堂最终的预算为700万美元。700万美元对当时的舒乐博士来说是一个不仅超出了能力范围，甚至已经超出了理想范围的数字。

当天夜里，舒乐博士拿出一页白纸，在最上面写上"700万美元"，然后又写下10行字：

⊙寻找1笔700万美元的捐款

⊙寻找7笔100万美元的捐款

⊙寻找14笔50万美元的捐款

⊙寻找28笔25万美元的捐款

⊙寻找70笔10万美元的捐款

⊙寻找100笔7万美元的捐款

⊙寻找140笔5万美元的捐款

⊙寻找280笔25000美元的捐款

⊙寻找700笔1万美元的捐款

⊙卖掉10000扇窗，每扇700美元

对700万美元进行分解之后，舒乐博士对这个数字有了清晰的概念，而且也有了信心。

60天后，他用水晶大教堂奇特而美妙的模型打动了富商约翰·科林，使他捐出了第一笔100万美元。

第65天，一位倾听了舒乐博士演讲的农民夫妇，捐出第一笔1000美元。

第90天时，一位被舒乐博士孜孜以求的精神所感动的陌生人，在生日的当天寄给舒乐博士一张100万美元的银行支票。

8个月后，一名捐款者对舒乐博士说："如果通过你的诚意与努力能筹到600万美元，剩下的100万美元由我来支付。"

第二年，舒乐博士以每扇700美元的价格，请求美国人名誉认购水晶教堂的窗户，付款的办法为每月50美元，10个月分期付清。6个月内，一万扇窗全部售出。

1980年9月，历时12年，可容纳10000多人的水晶大教堂竣工，成为世界建筑史上的奇迹与经典，也成为世界各地前往加州的人必去瞻仰的胜景。

水晶大教堂最终的造价为2000万美元，全部是舒乐博士一点一滴筹集而来的。

不是每个人都要建一座水晶大教堂，但是，每个人都可以建造自己梦想的大厦。

每个人都可以摊开一张白纸，敞开心扉，写下10个甚至100个梦想，然后再写下10个或100个实现梦想的途径。

最终你会发现，创造奇迹并不见得有多难。

假如真的希望飞翔

一百多年前，一位穷苦的牧羊人带着两个幼小的儿子替别人放羊。

有一天，他们赶着羊来到一座山坡上，一群大雁鸣叫着从天空飞过，很快消失在远方。

牧羊人的小儿子问父亲："大雁要往哪里飞？"牧羊人说："它们要去一个温暖的地方，在那里安家，度过寒冷的冬天。"大儿子眨着眼睛羡慕地说："要是我们也能像大雁那样飞起来就好了。"小儿子也说："要能做一只会飞的大雁多好啊！"

牧羊人沉默了一会儿，然后对儿子说："只要你们想，你们也能飞起来。"

两个儿子试了试，都没能飞起来，他们用怀疑的眼神看着父亲。牧羊人说："让我飞给你们看。"于是他张开双臂，学着大雁的样子，但也没能飞起来。可是，牧羊人肯定地说："我因为年纪大了才飞不起来，而你们还太小。只要不断努力，将来就一定能飞起来，到那时，你们就可以去任何想去的地方。"

两个儿子牢牢记住了父亲的话，并一直不懈地努力着。等到他们长大——哥哥36岁，弟弟32岁时——两人果真飞起来了，因为他们发明了飞机。

这个牧羊人的两个儿子，就是美国著名的莱特兄弟。

信念是一支火把，它可以燃起一个人的激情和潜能，让他飞入梦想的天空。

有时我们也会说："我想……"但是，我们只是"说"而没有"想"。

如果真的"想"，还一定会付诸行动——而且一直朝着"想"的方向。

沙子的命运

很久很久以前，有一个养蚌人，他想培育一颗世界上最大最美的珍珠。

他去大海的沙滩上挑选沙粒，并且一颗一颗地问它们，愿不愿变成珍珠。那些被问的沙粒，一颗一颗都摇头说不愿意。养蚌人从清晨问到黄昏，得到的都是同样的结果，他快要绝望了。

就在这时，有一颗沙子答应了。因为，它一直想成为一颗珍珠。

旁边的沙粒都嘲笑它，说它太傻，去蚌壳里住，远离亲人朋友，见不到阳光、雨露、明月、清风，甚至还缺少空气，只能与黑暗、潮湿、寒冷、孤寂为伍，多么不值得！

那颗沙子还是无怨无悔地随养蚌人去了。

斗转星移，几年过去了，那颗沙子已长成了一颗晶莹剔透、价值连城的珍珠，而曾经嘲笑它的那些伙伴们，有的依然是海滩上平凡的沙粒，有的已化为尘埃。

如果说这世上有"点石成金术"的话，那就是"艰辛"。你忍耐着，坚持着，当走完黑暗与苦难的隧道之后，就会惊讶地发现，平凡如沙子的你，不知不觉中已长成了一颗珍珠。

不要去嫉妒珍珠，当初它选择成为珍珠的时候，别人都不愿意。也不必过分去仰慕珍珠，毕竟每个人都有自己的人生，沙子也有沙子的幸福，虽然它不能闪光。

记住这样的一些话

⊙生活里的每一个人都是你的老师，即使那些让你很厌烦的人也不例外，因为从他们身上，你可以知道人性的弱点。

⊙快乐的人不只接受改变，而且会欣然地全身心投入。他们会说："未来5年如果像过去5年一样，生活还有什么意思呢？"

⊙付出的时候，不要期待任何回报，否则一颗心老是牵挂着结果，反而很难有所收获。

⊙许多人都不知道自己究竟想要什么——他们很不开心，因为他们没有什么人生目的。假如你也不知道自己想要什么，不妨先找出最接近你理想的事，可以把那里作为起点。

⊙做你爱做的事，并不意味着生活过得轻松，但绝对可以活得更精彩。

⊙无论你身在何处，你都不应该被困在原地，因为你是一个人，不是一棵树！

⊙当你说"我就是要做这件事，多困难我都不在乎"时，老天爷就会开始支持你。

⊙你对生活状况及别人的行为要求越少，你就越容易快快乐乐地过日子。

⊙若真想获得心灵平静，就必须懂得心存感激。如果你总说"等我生活得好一点之后，我一定会去感激，"那你就一辈子没希望了！

⊙改变自己是可行的、聪明的，当你试图改变别人时，你就会显得愚蠢，而且会自寻烦恼。

⊙除非你自愿放弃，否则你永远不会被打败。

⊙被小石子打中，如果不能及时醒悟，一味置之不理，就会被大石头狠狠击中。只要老老实实扪心自问，我们都可以找到出现问题的征兆。但我们还是会执迷不悟地说："为什么老是我遭殃？"

⊙你不必害怕和人接触，很有可能他们也很怕你呢！

⊙称赞别人会令你自己更快乐。称赞别人会帮助你把注意力放在正面的事物上。每当你将焦点放在正面的事物上，你的生活就会充满希望。

一个人一辈子可能会听到无数的告诫和劝谏。如果你是用心的人，有时一句话就足以让你受益终生。

我和你妈妈都希望能经常听到你们的宝贵意见，因为当父母我们也并不内行，我们还需要学习，需要不断改进。你们的建议或许对我们会有直接的帮助。

你想成为什么

就在一个星期天的上午，戴维丝经历了一件特殊的事情，这件事给了她一次意外的震撼，使她开始重新思考人生。

那天，她正在卧室里打扫卫生，5 岁的小女儿艾丽莎冲了进来，郑重其事地坐到她的旁边。

"妈咪，你长大以后想成为什么？"她问道。

戴维丝的第一个反应就是：她又在玩什么想象力游戏了。所以，为了配合女儿，她假装认真地回答道："嗯哼——我想，当我长大以后，我愿意做一个妈咪。"

"你不能这样说，因为你已经是妈咪了。再告诉我，你想成为什么？"艾丽莎紧逼着问道。

"噢，好吧，我想想……我长大后——要成为一名会计师！"我再一次回答。

"妈咪，还不对！你本来就是会计师嘛！"

"对不起，宝贝，"我说，"但是我真的不明白你在期望一个什么样的答案。"

"妈咪，你只要回答你长大后想成为什么就可以了。你可以是你想成为的任何人！"

戴维丝愣住了，自己到底还能成为什么呢？她已经 35 岁，已经有了固定的职业，还有 3 个活泼可爱的孩子，有一个称职的丈夫，拥有硕士学位……对她来说，人生难道还能有什么其他的改变吗？

她调整了一下自己，然后用一种征询的语气问女儿："宝贝，你认为妈咪还能成为什么人呢？"

艾丽莎看着妈妈，十分肯定地告诉她说："你可以成为你希望成为的任何人！不过，这要由你自己决定。你可以成为一个宇航员，也可以成为一个钢琴家，或者成为一名好莱坞影星……总之，只要你愿意，什么都可以！"

戴维丝非常感动，在女儿幼小的心灵中，妈妈还可以继续长大，还有许多机会去成为她想成为的人！在她眼里，未来永远不会结束，梦想永远都不过时。

那一次交谈之后，戴维丝开始了全新的生活——她开始起早锻炼身体，开始把每晚看肥皂剧的时间变为"读 10 页有用的书"，她开始用新奇的眼光观察周围的一切！

她在改变自己，虽然表面上她并没有什么变化，但她的心已经改变了：她时刻在为自己变成另一个新角色做准备！她有了理想和憧憬：我长大以后会成为什么？

你想成为什么人，是你自己的事情；你到底能成为什么人，取决于你想成为什么人；如果你什么都不敢想，你就注定什么也不是。

26个孩子和一道选择题

在新泽西州市郊的一座小镇上，一个由26个孩子组成的班级被安排在教学楼最里面一间光线昏暗的教室里。他们中所有的人都有过不光彩的历史：有人吸过毒、有人进过管教所、有一个女孩子甚至在一年之内堕过3次胎。家长拿他们没办法，老师和学校也几乎放弃了他们。

就在这个时候，一个叫菲拉的女教师担任了这个班的辅导老师。新学年开始的第一天，菲拉没有像以前的老师那样，首先对这些孩子进行一顿训斥，给他们一个下马威，而是为大家出了一道题：

有3个候选人，他们分别是——

A：笃信巫医，有两个情妇，有多年的吸烟史，而且嗜酒如命；

B：曾经两次被赶出办公室，每天要到中午才起床，每晚都要喝大约1公升的白兰地，而且曾经有过吸食鸦片的记录；

C：曾是国家的战斗英雄，一直保持素食习惯，热爱艺术，偶尔喝点酒，年轻时从未做过违法的事。

菲拉给孩子们的问题是：

如果我告诉你们，在这3个人中，有一位会成为众人敬仰的伟人，你们认为会是谁？猜想一下，这3个人将来各自会有什么样的命运？

对于第一个问题，毋庸置疑，孩子们都选择了C；对于第二个问题，大家的推论也几乎一致：A和B将来的命运肯定不妙，要么成为罪犯，要么就是需要社会照顾的废物。而 C 呢，一定是一个品德高尚的人，注定会成为精英。

然而，菲拉的答案却让人大吃一惊。"孩子们，你们的结论也许符合一般的判断，但事实是，你们都错了。这 3 个人大家都很熟悉，他们是二战时期的 3 个著名的人物——A 是富兰克林·罗斯福，他身残志坚，连任四届美国总统；B 是温斯顿·丘吉尔，英国历史上最著名的首相；C 的名字大家也很熟悉，他叫阿道夫·希特勒，一个夺去了几千万无辜生命的法西斯元首。"学生们都呆呆地瞅着菲拉，他们简直不相信自己的耳朵。

"孩子们，"菲拉接着说，"你们的人生才刚刚开始，以往的过错和耻辱只能代表过去，真正能代表一个人一生的，是他现在和将来的所作所为。每个人都不是完人，连伟人也有过错。从过去的阴影里走出来吧，从现在开始，努力做自己最想做的事情，你们都将成为了不起的优秀的人才……"

菲拉的这番话，改变了 26 个孩子一生的命运。如今这些孩子都已长大成人，他们中有的做了心理医生、有的做了法官、有的做了飞机驾驶员。值得一提的是，当年班里那个个子最矮也最爱捣乱的学生罗伯特·哈里森，后来成了华尔街上最年轻的基金经理人。

"原来我们都觉得自己已经无可救药，因为所有的人都这么认为。是菲拉老师第一次让我们觉醒：过去并不重要，我们还有可以把握的现在和将来。"孩子们长大后这样说。

有一位心理学家说过这样的话：你对孩子怎样描述，他们就怎样以你描述的样子成长。你说他是个无赖，他就会慢慢变得像个无赖；你说他聪明，他就可能真的变得十分聪明。

许多成人不断在用自己的偏见扼杀孩子的美质，他们自己却一点儿都不知道。

我想有一座农场

因为父亲是位马术师，一个男孩必须跟着父亲走南闯北东奔西跑。由于四处奔波，他求学并不顺利，成绩也不理想。

有一天，老师要全班同学写作文，题目是"长大后的志愿"。那一晚，男孩洋洋洒洒写了7张纸，描述了他的伟大志愿：长大后，我想拥有自己的农场，在农场中央建造一栋占地5000平方英尺的住宅，拥有很多很多的牛羊和马匹。

第二天他把作业交上去时，老师给他打了一个又红又大的F，还叫他下课后去见他。

"老师，为什么给我不及格？"他不解地问老师。

"我觉得，你的愿望是不切实际的。你敢肯定长大后买得起农场吗？你怎么能建造5000平方英尺的住宅？如果你肯重写一个志愿，写得实际点，我会考虑给你重新打分。"老师回答说。

男孩回家后反复思量，最后忍不住询问父亲。父亲见他犹豫不决，语重心长地说："儿子，这是个非常重要的决定。我认为，拿个大红的F不要紧，但绝不能放弃自己的梦想。"

儿子听后，牢牢把这句话记在心底。他没有重写那篇文章，也没有更改自己的志愿。

二十年后，这个男孩真的拥有了一大片农场，在这个农场的中央真的建造了一栋舒适而漂亮的豪宅。

这个男孩不是别人，就是美国著名的马术师杰克·亚当斯。

当我们计划人生的时候，往往会被他人的意愿所左右，从而放弃自己的初衷，这绝对是人生最大的不幸。

人首先要具有为自己负责的胆识和勇气，然后才可能为他人和大众负责。假若连自己都无法把握，那么，他只会一生被人摆布。

杰克·亚当斯一定会永远感激他的父亲，是他的智慧点拨造就了儿子辉煌的一生。

一枚硬币的祝福

这个故事至少可以给我们两点启示。

当我们准备送孩子一个昂贵的小汽车时，最好先考虑送给他一个梦想。也许一个梦想只需花一个硬币，但却可以享用一生。

有时候，人生就是在偶然间铸就的，就像大卫·布伦纳那样。但只有偶然还不够，必须抓住"偶然"提供的灵感，付诸行动，坚持下去。

美国著名的喜剧演员大卫·布伦纳出身贫寒。小时候，当别的孩子为没有小汽车、没有好玩具向父母纠缠不休的时候，他却在为一顿饭、一双鞋子发愁。12岁那年的圣诞节，他的同学几乎每个人都得到了家长赠送的精美礼品，惟独他的父亲没有给他任何东西。

那天回到家，大卫显得很伤感。他小心地告诉父亲，自己也想得到一份圣诞礼物。

父亲看着儿子，过了好半天，才把手伸进口袋摸出了一枚硬币。"孩子，这是我送给你的礼物，我希望你去买一样和别人不同的东西。"正在这时，一个卖报的人从他们的家门口经过，父亲说："去买份报纸吧，或许那上面有你喜欢的故事。"

大卫拿着父亲给的钱，真的买了一份报纸。上面有一篇介绍一位喜剧演员人生经历的文章，使大卫深受感动。放下报纸，他想，要是我也能做一名喜剧演员该有多好啊！于是，他决定去学喜剧表演。

许多年过去，大卫终于成功了，他成了美国最著名的喜剧表演大师。大卫回忆说："当时，我以为父亲舍不得拿更多的钱给我买东西，现在才懂得，我的同学们仅仅得到了汽车或者布娃娃，而我却得到了一个美好人生的梦想。"

不要为卑微的东西祈祷

　　四岁的小克莱门斯上学了。老师霍尔太太是一位虔诚的基督徒，每次上课前，她都领着孩子们进行祈祷。

　　有一天，霍尔太太给孩子们讲解《圣经》，当讲到"祈祷，就会获得一切"的时候，小克莱门斯忍不住站了起来，他问道："如果我祈祷上帝，他会给我想要的东西吗？"

　　"是的，孩子，只要你愿意虔诚地祈祷，你就会得到你想要的东西。"霍尔太太回答说。

　　小克莱门斯特别想得到一块很大很大的面包，因为他从来没有吃过那样诱人的面包。而他的同桌，一个金发的小姑娘，每天都带着一块这么诱人的面包来到学校。小姑娘经常问小克莱门斯要不要尝一口，他每次都坚定地摇摇头——其实他是很想吃一口的。

　　这天放学的时候，小克莱门斯对同桌小姑娘说："明天我也会有一块大面包的。"回到家，他就关起门开始祈祷，他相信，上帝一定能看见自己的表情，他一定会被自己的诚心感动！

　　然而第二天起床，当他把手伸进书包的时候，除了破旧的课本，什么也没有。他决定每天坚持祈祷，一直等到面包降临。

　　一个月后，金发小姑娘笑着问他："你的面包呢？"小克莱门斯十分难为情，他告诉小姑娘，上帝也许根本就没有注意自己，因为，每天肯定有无数的孩子进行着这样的祈祷，而上帝只有一个，他怎么忙得过来呢？

　　小姑娘笑着说："原来，祈祷的人都是为了一块面包，但一块面包用几个硬币就可以买到。你为什么要花费这么多的时间去祈祷，而不是去努力赚钱自己买来面包呢？"

小克莱门斯决定不再祈祷，他相信小姑娘所说的正是自己内心的真实想法。通过工作才可能获得自己想要的东西，而祈祷，永远只能让你停留在等待之中。小克莱门斯对自己说："我不要再为一件卑微的小东西祈祷了。"

多年以后，小克莱门斯终于长大成人，当他用笔名"马克·吐温"发表作品的时候，他已经是一位著名的作家。他再没有祈祷过上帝，因为在无数个艰难的日子里，他始终记着：不要为卑微的东西祈祷！只有奋斗和努力才是真实的，只有自己的汗水才是真实的。

天助自助的人。

祈祷天堂里的上帝，不如依靠现实中的自己；祈祷虚无的恩赐，不如付出诚实的劳动。

为卑微的东西祈祷，只会使我们更加卑微。

请问，你从什么时候开始意识到读书的重要？听说当年你是学校里最让老师头痛的孩子，有这回事吗？爸爸，我真的很同情你啦！

梦想的起点

　　在泰晤士河畔，在钟声回荡的国会大厦西南侧，耸立着英国最古老的建筑物——威斯敏斯特教堂。这里长眠着从亨利三世到乔治二世等20多位国王，憩息着牛顿、哈代、狄更斯、达尔文、吉卜林这些享誉世界的巨人，还有二战"不列颠之战"中牺牲的皇家空军将士。

　　在教堂一个不显眼的角落，树立着一块石碑，上面刻着一段广为传诵的碑文：

　　当我年轻的时候，我的想象漫无边际，我梦想改变这个世界；当我成熟以后，我发现我不能够改变这个世界，我将目光缩短了一些，决定只改变我的国家；当我进入暮年以后，我发现我不能够改变我的国家，我最后的愿望仅仅是改变我的家庭，然而，这似乎也不可能……

　　现在，我已经躺在床上，就在生命将要完结的时候，我突然意识到：如果一开始我就首先改变自己，然后，作为一个榜样，我可能改变我的家庭；在家人的帮助和鼓励下，我可能为国家做一些重要的事情；就在我为国家服务的时候，我或许能因为某些意想不到的行为，改变这个世界……

　　几乎每一个参观威斯敏斯特教堂的人，都会在这块石碑前驻足片刻，因为在这个世界上，多数人生来都平凡。这段碑文不仅给许多人以启示，而且还给人以鼓励：如果你不能做很大的事情，你可以从自己开始，先做一些很小的事情——从现在开始，从平凡开始。

　　如果我们不厌倦做小事，我们就能够做大事；如果我们不放弃做平凡的人，我们就可能做伟大的人；如果我们愿意改变自己，我们就可能改变世界。

你必须要有目标

人生是一次航行，唯有那些目标明确的人，他们的到达才是自己的期望。没有目标的人不过是在盲目地跟从——他们到达了，却不会有任何收获——因为他们不知道为什么到达那里。

不要把别人的期待当成自己的目标，你有你的方向，沿着你的方向出发、前进，你的终点才有意义。

每天自问一次：我今日的目标是什么？我今生的目标是什么？没有目标，我们将连一只狗都不如。

有一对年轻的夫妇，他们有两个孩子，一个叫莎拉，一个叫迈克尔。当莎拉6岁、迈克尔4岁的的时候，父母决定为他们养一只小狗。小狗抱回来以后，他们专门聘请了一位训兽师来训练它。

在第一次训练开始之前，训兽师问他们："小狗的目标是什么？"夫妻俩面面相觑，颇感意外，他们一脸迷惑地嘟囔着说："一只小狗还有什么目标？它的目标当然就是当一只狗了！"

他们实在想不出，作为一只狗，还能有什么另外的目标？

训兽师极为严肃地摇了摇头说："每只小狗都得有一个目标，否则我们根本没法训练它。你们是想训练它守门，还是为了和孩子们一道玩耍？或者只是作为你们的宠物？我必须知道这些。这就是它的目标。"

在训兽师的精心引导下，这只小狗被成功地训练成孩子们的好朋友，它可爱的举止、忠诚的品性和敏锐的洞察力，使它成为这个家庭中不可或缺的重要成员。

最为重要的是，通过训兽师，这对夫妇还学会了怎样教育自己的孩子：为他们树立目标。

他们的教育最终没有令人失望：小莎拉成了一家电台的主播，而迈克尔则成了纽约第108任市长——迈克尔·布隆伯格。

他们永远都记得训兽师的那句话：一只小狗也要有自己的目标——何况是一个人呢？

我们不应该贫穷

　　福勒是美国一个黑人佃农的儿子。他5岁开始劳动，9岁以前以赶骡子为生。他们一家人一直过着贫穷的生活。

　　福勒有一位不平常的母亲，她发现福勒与其他6个孩子不同。这位母亲有意识地经常将福勒拉在身边，跟他谈论心中的想法。她反复地说："福勒，我们不应该贫穷！我们的贫穷不是由上帝安排的，而是我们家庭中的任何人都没有产生过出人头地的想法。"

　　我们贫穷是因为我们没有奢望过富裕！这个观念在福勒的心灵深处刻下了深深的烙印，以致成就了他日后无比辉煌的事业。

　　福勒改变贫穷的愿望像火花一样迸发出来——他挨家挨户出售肥皂长达12年之久，并由此获得了许多商人的尊敬和赞赏。慢慢地，福勒不仅在最初工作的那个肥皂公司，而且在其他7个公司都获得了控股权。福勒获得了巨大的成功，彻底改变了家庭的贫穷面貌，扭转了家庭的命运。

　　哲人说：所有伟大的成就在它开始时都不过是一个想法罢了——不过是一个想法！

　　无论追求财富，或获取健康；无论谋求功名，或寻找快乐；无论寻求利益，或追逐自由……如果要达到目的，首先必须有一种强烈的渴望，并锲而不舍地为之奋斗。

　　福勒说过：假如你清楚地知道自己需要什么，那么，当你看见它的时候，你就会很快地认识它，并能紧紧地抓住它。

命运其实有两个部分

自从你生下来的那一刹起，你就注定要回去。

这中间的曲折磨难、顺畅欢乐便是你的命运。

命运总是与你一同存在，时时刻刻。

不要敬畏它的神秘，虽然有时它深不可测。

不要畏惧它的无常，虽然有时它来去无踪。

不要因为命运的怪诞而俯首听命，听任它的摆布。

等你年老的时候，回首往事会发觉，命运有一半在你手中，只有另一半才在上帝的手里。

你的努力越超常，你手里掌握的那一半命运就越强大，你的获得就越丰硕。

在你彻底绝望的时候，别忘了自己拥有一半的命运。

在你得意忘形的时候，别忘了上帝的手里还握有另一半。

你一生的努力就是：用你自己手中的一半去获取上帝手中的另一半。

所谓的"与命运抗争"，就是这个意思。

其实说到底，还是与自己抗争。

即使上帝真有不公平，至少有一点他是公平的，他将命运交出了一半给所有的人！就这一个条件，就给了我们把握生命的无限空间；就这一个条件，已足以使我们有能力和命运的不公挑战。

安东尼的大西瓜

小时侯，安东尼每年夏天都要随父母去阿拉斯加看望爷爷。他是一个佝偻着身子的老头，不过安东尼听爸爸说，爷爷年轻时很英俊，很能干。他做过教师，26岁时就当选为州议员，晚年退休之后，经营一片农场。

农场上的一草一木都让安东尼感到新奇而愉悦。宽阔的原野，高高的草垛，哞哞的牛叫，清脆的鸟鸣……一切都令他流连忘返。

"爷爷，我长大了也要来农场，和你一起种庄稼！"一天早晨，安东尼兴致勃勃地对爷爷说。

"你想种什么庄稼呢？"爷爷微笑着问他。

"我想种西瓜，就是那种又甜又大的西瓜！"安东尼兴奋地告诉爷爷。

"唔，好！"爷爷棕色的眼睛快活地眨了眨，然后拉起安东尼的手说："那么，让我们现在就赶快播种吧！"

安东尼从邻居玛丽姑姑家要来了五粒黑色的西瓜籽，还借来了一把锄头。在一棵大橡树下，爷爷教他翻松了泥土，然后把西瓜籽撒下去。忙完这一切，爷爷说："工作完成了，接下来就让我们一起等待吧。"

当时安东尼还不懂得"等待"是怎么回事。那天下午，他一直朝西瓜地里跑，不知跑了多少趟。也不知为它浇了多少次水，简直把西瓜地变成了一片泥浆。谁知，直到傍晚，却连西瓜苗的影子也没有看见。

晚餐桌上，安东尼问爷爷："我都等了整整一个下午，还浇了那么多水，可是西瓜还没长出来。我们还得等多久啊？"

爷爷听了，忍不住哈哈大笑起来："你这么专心地等待，也许瓜苗儿会早一点长出来的。无论什么事，只要你有信心，它就会实现。"

第二天早晨，安东尼一觉醒来就往瓜地跑。咦！一个大大的、滚圆滚圆的西瓜正躺在那里，还有一根长长绿绿的藤子连着它！他兴奋极了："嗨！我种出世界上最大的西瓜了！"

那几天，别提安东尼有多么高兴，他逢人便说："告诉你，我种出了世界上最大的西瓜！"

长大以后，安东尼才知道，这个西瓜是爷爷从远处瓜地移到橡树脚下的。尽管这样，他不认为那是一种游戏，也不认为是慈爱的爷爷哄骗孙子的把戏，而是一个智慧的老人在一个不懂事的孩子心中适时地播下了一粒希望的种子。

如今，安东尼有了自己的孩子，事业上也有所成就。但他始终觉得，自己乐天派的性格与成功的生活，都是爷爷在那棵橡树下播撒的种子长成的——是爷爷让他在少不更事的时候，真实地体验了"希望"与"成功"的滋味。

只要一小片土地，就可以为孩子播种一个很大的希望。

很多事物都会受到客观条件的限制，然而，孩子的快乐、期待却不受任何事物的羁绊，因而我们的爱心和想象也不应该受到任何约束。只有这样，孩子童年的原野才能变得宽广辽阔。

真 爱

永恒不息的心跳

HARVARD
FAMILY
INSTRUCTION

一位母亲写给世界的信

亲爱的世界，我的儿子今天开始上学。在一段时间内，他可能会感到既陌生又新鲜，我希望你能对他温和一点。

你知道，直到现在，他一直是家里最受宠的人，我从没有离开过他的身边。

可是现在，一切都将发生变化。

今天早晨，他将走下屋前的台阶，挥挥手，踏上他伟大的冒险征途，途中也许会有失败、泪水和伤痛，但我告诉他，必须面对。他要在他必须生存的世界中生活，他需要信念、爱心和勇气。

所以，世界，我希望你握住他稚嫩的手，教他知道一些事情。教他——但如果可能的话，请温柔一点儿。

教他知道，世界上有一个恶棍，就有一个英雄；有一个奸诈的政客，就有一个富于奉献精神的领袖；有一个敌人，就有一个朋友。

教他感受书本的魅力，给他时间，去安静地思索自然界中永恒的神秘：空中的小鸟，阳光下的蜜蜂，青山上的花朵。

教他知道，失败比欺骗要光荣得多；教他要坚信自己的思想，哪怕别人都予以否定；教他可以把自己的体力和脑力以最高价出售，但绝对不要出卖自己的爱和灵魂；教他对暴徒的嚎叫不屑一顾……并且在认为自己是对的时候冲上去战斗。

以温柔的方式教导他，世界，但不要溺爱他，因为只有烈火才能炼出真钢。

这是个很高的要求，世界，请你尽力而为。他是一个多么可爱的小伙子。

世界，你是否听见一个母亲温柔的嘱托？你可以辜负任何人的任何愿望，但是对于这个母亲，你必须例外。

她只是在对世界耳语吗？不，她是在对我们所有的人说话。对于你自己的孩子，对于你看见的每个孩子，你发誓，你都会如此对待吗？

父亲和一棵小树

　　一个小男孩认为自己是世界上最不幸的孩子，脊髓灰质炎给他留下了一条瘸腿和一嘴参差不齐的牙齿。因此，他很少与同学们游戏和玩耍，老师叫他回答问题时，他也总是低着头一言不发。

　　在一个平常的春天，小男孩的父亲从邻居家讨了些树苗，他想把它们栽在房前院子里。他叫孩子们每人栽一棵，父亲说，谁栽的树苗长得最好，就给谁买一件最好的礼物。小男孩也想得到父亲的礼物，但看到兄妹们蹦蹦跳跳提水浇树的身影，不知怎么地，他竟然萌生出这样一种想法：希望自己栽的那棵树早日死去。因此，浇过一两次水后，他就再也没去答理它。

　　几天后，小男孩再去看他种的那棵树时，惊奇地发现它不仅没有枯萎，而且还长出了几片新叶子，与兄妹们种的树相比，似乎更显得嫩绿，更有生气。父亲兑现了他的诺言，为小男孩买了一件他最喜爱的礼物。父亲对他说，从他栽的树来看，他长大后一定能成为一个出色的植物学家。

　　从那以后，小男孩就对生活有了美好的憧憬，慢慢地变得乐观开朗起来。

　　一天晚上，小男孩躺在床上睡不着，看着窗外明亮皎洁的月光，忽然想起生物老师曾说过的话：植物一般都在晚上生长。何不去看看自己种的那棵小树是不是在长高？当他轻手轻脚来到院子时，看见父亲正用勺子在给自己栽的树苗浇水。顿时，他明白了，原来父亲一直在偷偷地护育着自己的那棵小树！他返回房间，禁不住泪流满面……

　　几十年过去了，那个瘸腿的小男孩没有成为一个植物学家，但他却成了美国总统。他的名字叫富兰克林·罗斯福。

　　爱是生命中最好的养料，哪怕只是一勺清水。

价值连城的 10 美元

很多年以前，一个富有的老人和他年轻的儿子生活在一起，两人都非常热爱收藏，他们拥有大量世界各国珍贵的艺术品。

一年冬天，他们的国家卷入了战争，年轻人毅然应征入伍。不幸的是，几个星期后他便战死沙场。

圣诞节的早晨，一阵敲门声唤醒了这位日夜思念儿子的老人。他打开房门，看见一位手里提着大包裹的士兵正向他敬礼。士兵向老人介绍道："我是您儿子的战友。我给您带回了他的一幅画像。"

儿子的这幅肖像画成了老人最为珍贵的财产，他将它挂在客厅的正中央，天天对它凝视。相比之下，他觉得家里收藏的所有无价珍品，此时都黯然失色。

第二年春天，这位可怜的老人得了一场大病，不久就去世了。根据老人的遗愿，他收藏的所有艺术品将在这一年圣诞节那天拿出来拍卖。

这个时候终于到来了。收藏家们从世界各地聚集到拍卖现场，希望竞购到慕名已久的稀世珍品。

出乎人们意料的是，拍卖会由一件非常普通的作品——老人儿子的肖像画开始。拍卖师介绍了这幅画的来历后，向众人征求一个拍卖底价，但是会场里一片沉寂。

"有谁愿意出价 100 美元买下这幅画吗？"拍卖师问道。没有人说话。

"50 美元呢？"还是没人答应。

这时，人群中间传来一个不耐烦的声音："谁会对那幅粗劣的画像感兴趣呢？快把所有的珍品展示出来吧！"

赞同声、附和声此起彼伏。

"不，我们必须首先拍卖这一幅，这是遗嘱的要求。"拍卖师坚决地说。

"谁愿意买下这幅肖像？"过了很久，拍卖师再一次问道。

"10美元你会卖吗？因为我身上只有这么多钱……" 在后排的走道上，老人家里的一个清洁工十分难为情地问道。

不少人扭过头看他，脸上露出不屑的神色。

"还有没有人愿意出更高的价钱？"拍卖师大声问道。

没有人回应。拍卖师扫视了一眼拍卖厅，然后高声喊道："10美元一次！10美元二次！10美元三次！好，成交！"

拍槌重重地落了下来。顿时，拍卖厅里的人群开始骚动起来："现在，正式拍卖可以开始了吧？"

拍卖师无声地环顾了一下四周，郑重地宣布："拍卖到此结束！"

"为什么？为什么？我们千里迢迢赶来，难道是要看你拍卖一幅名不见经传的10美元肖像吗？"

"不！不止这些。按照这位老人——也就是肖像中这位儿子的父亲的遗嘱，谁买下那幅肖像画，"拍卖师顿了一下，遗憾地看了看众人，"谁就可以同时得到他所收藏的全部珍品！"

无论在任何场合，只要我们有能力，就应该用行动表达我们的爱心。

不过，永远不要期望意外的回报，如果有了这样的欲望，我们献出的就不是爱心，而是贪婪——上帝不会奖励贪婪。

肩膀上的蜻蜓

　　在一个非常宁静而美丽的小城，有一对非常恩爱的恋人，他们每天清晨都去海边看日出，晚上去海边送夕阳，每个见了他们的人都向他们投来羡慕的目光。

　　可是有一天，在一场车祸中，女孩不幸受了重伤，她静静地躺在医院的病床上，几天几夜都没有醒过来。白天，男孩就守在床前不停地呼唤毫无知觉的恋人；晚上，他就跑到小城的教堂里向上帝祷告，他的眼泪已经哭干了。

　　终于有一天，上帝被这个痴情的男孩感动了。上帝问他："你愿意用自己的生命交换恋人的生命吗？"男孩毫不犹豫地回答："我愿意！"上帝说："那好吧，我可以让你的恋人很快醒过来，但此后的三年里，你要变做一只蜻蜓。你愿意吗？"男孩听了，坚定地答道："我愿意！"

　　天亮了，男孩已经变成了一只漂亮的蜻蜓，他告别了上帝便匆匆地飞到了医院。女孩真的醒了，而且她还在跟身旁的一位医生交谈着什么，可惜他听不到。

　　几天后，女孩便康复出院了，但是她并不快乐。她四处打听男孩的下落，但没有人知道。早已化成蜻蜓的男孩无时无刻不围绕在她身边，只是他不会呼喊，不会拥抱，只能默默地承受着她的视而不见。

　　夏天过去了，秋天的凉风吹落了树叶，蜻蜓不得不离开这里，于是他最后一次飞落在女孩的肩上。他想用自己的翅膀抚摸她的脸，用细小的嘴来亲吻她的额头，然而她没有发现他的存在。

春天来了，蜻蜓迫不及待地飞回来寻找自己的恋人。然而，她的身旁却站着一个高大的男人，蜻蜓痛苦得几乎快从半空中坠落下来。蜻蜓伤心极了，在接下来的几天中，他看到那个男孩带着自己的恋人在海边看日出，而他自己除了偶尔能停落在她的肩上以外，什么也做不了。

第三年的夏天，蜻蜓已不再常常去看望自己的恋人了。她柔弱的肩膀被那个男孩轻拥着，红润的脸颊被他轻吻着，根本没有时间去留意一只伤心的蜻蜓，更没有心情去怀念过去。

上帝约定的三年期限很快就要到了。就在最后一天，蜻蜓昔日的恋人跟那个男孩举行了婚礼。

蜻蜓悄悄地飞进教堂，落在上帝的肩膀上，他听到下面的恋人对上帝发誓说：我愿意！他看着那个男孩把戒指戴到昔日恋人的手上。蜻蜓流下了伤心的泪水。

上帝叹息着："你后悔了吗？"蜻蜓擦干了眼泪，说："没有！"上帝又带着一丝愉悦说："那么，明天你就可以变回你自己了。"蜻蜓摇了摇头："就让我做一辈子蜻蜓吧……"

有些缘分是注定要失去的，有些缘分是永远不会有好结果的。爱一个人不一定要拥有，但拥有一个人就一定要好好去爱。

当我们快乐幸福的时候，也要细心地回过头看看：我们的肩上有一只蜻蜓吗？

邦迪的请求

一个小男孩捏着一美元硬币，沿街一家家商店地询问："请问您这儿有上帝出售吗？"有的店主说没有，有的以为他在恶作剧，就干脆不理他。

天快黑时，终于有一家商店的主人接待了小男孩。老板是一个60多岁的老人，满头银发，慈眉善目。他笑眯眯地问男孩："告诉我，孩子，你为什么要买上帝？"

男孩流着泪告诉老人，他叫邦迪，父母很早就去世了，他是叔叔养大的。叔叔是一名建筑工人，前不久从脚手架上摔了下来，至今仍昏迷不醒。医生说，只有上帝才能救他。邦迪想，上帝一定是一种非常奇妙的东西。"等我买到了上帝，叔叔就会好起来。"他显得很自信地说。

老人的眼睛湿润了，他问邦迪："你有多少钱？"

"一美元。"邦迪说。

"孩子，眼下上帝的价格正好是一美元。"

老人接过硬币，从货架上拿了一瓶"上帝之吻"的饮料对邦迪说："拿去吧，孩子，你叔叔喝了它，保准就没事了。"

邦迪喜出望外，将饮料抱在怀里，兴冲冲地回到了医院。一进病房，他就开心地叫嚷道："叔叔，我把上帝买回来了，你很快就会好起来的！"

几天后，一个由世界顶尖医学专家组成的医疗小组来到医院，他们对邦迪的叔叔进行了会诊。他们采用了先进的医疗技术，终于治好了他。

邦迪的叔叔出院时，看到医疗费账单上那个天文数字，差点吓得昏了过去。可院方告诉他，有个老人已帮他把钱付了，那个医疗小组也是这位老人花重金聘请的。

邦迪的叔叔感动不已，可是他却找不到那个老人。后来，他接到一封陌生的来信，信中说："先生，你能有邦迪这个侄儿，实在是太幸运了。为了救您，他拿着一美元到处购买上帝……感谢上帝，是他挽救了你的生命。但你一定要记住，真正的上帝，是人们发自心底的爱心！"

你知道吗？只有猫的感情才是真实持久的。你曾经说你喜欢我，可是那天你就没有把巧克力给我吃，而且你还说过我"真笨"。我的猫绝不会这样对待我。

上帝垂青知恩图报的人，他会悄悄帮助他们完成感恩的愿望。在这个世界上，忘恩的人太多，所以，面对真诚的邦迪，连上帝都不禁动容，他让这个孩子仅花一美元便使一个昂贵的愿望成为现实。

当火车开走之后

女孩大学毕业了，要到很远的一座城市去。四个同时暗恋她的男生一起去送她。女孩知道，这一去恐怕再也与他们无缘了。

火车就要启动的时候，四个男孩似乎都想说什么，女孩笑着问："你们是不是舍不得我离开啊？真舍不得就跟我走呀！"

四个男孩神情戚然，一时都不知如何是好。

就在车门架快要收起的时候，其中一位男孩飞身跃上了火车，冲到女孩的座位上，把她紧紧抱在怀里。

女孩没有拒绝。她靠在男孩的肩头，泪水濡湿了他的衣领。

站台上的三个男生一下子惊诧得目瞪口呆，还没容他们做出任何反应，火车就"咔嚓咔嚓"地驶出了站台。

一年后，另一座城市，在女孩的婚礼上，其他的三个男孩问女孩："你是什么时候决定嫁给他的？"

女孩说："就在他奋不顾身跃上火车的那一刻。"

女孩又问："那时候，你们怎么不跟我走呀？"

"我还以为你在开玩笑呢！"一个男孩说。

"当时，我还没来得及做任何准备呀。"第二个男孩说。

"我原想，来日方长，我们可以从长计议。"第三个男孩说。

各有各的理由，可是，启动的火车不会为这些理由而停留。

机遇就是那个站在车厢中的女孩！要俘获她，挚爱、敏感、果决和奋不顾身，一样都不能少。

看着火车开走——人生路上，这种无奈和尴尬的际遇最好是越少越好。

其实，不只是爱情，一生的所有失去或得到，在火车启动的那一瞬间就已注定。

你是上帝的妻子吗

纽约，12月一个寒冷的日子。一个大约10岁的小男孩站在百老汇一家鞋店的门前，他光着脚，隔着橱窗呆呆地往里面看，身子因为寒冷而颤抖。

一位女士走近男孩，问道："小家伙，你这么认真地在看什么？"

"我曾经请求上帝赐给我一双鞋子，我想知道这里面有没有。"男孩回答。

女士牵起他的手，走进店内。她让店员给男孩拿来半打袜子，然后她又问店员，可否打来一盆热水，再拿一条毛巾。店员欣然照办了。

她把小家伙带到店堂后面，脱下手套，跪下，将男孩的脚放进热水里，为他洗脚，然后用毛巾擦干。

这个时候，店员拿着袜子回来了。女士取出其中一双为孩子穿上，又为他买了一双鞋，再把剩下的几双袜子包起来交给男孩。

在鞋店门口，女士拍着小男孩的头说："小伙子，你现在觉得舒服一点儿了吗？"

当她正要转身离去的时候，小男孩在后面拉住了她的手，抬头注视着她的脸。

他的眼中含着泪水，用颤抖的声音问这位女士："你是上帝的妻子吗？"

假若我们不能成为上帝，就做上帝的妻子吧！

只要我们能和他一样博爱，做他的孩子，或者做他的仆人，都好。

哥哥的礼物

圣诞节来临了，戴维的哥哥送给了他一件出乎意外的礼物：一辆新汽车。

平安夜，戴维走出公寓的大门，发现一个小男孩正围着他的新车前后左右地转悠。

"先生，这是您的车吗？"小孩问道。戴维点点头，说："这是我哥哥送给我的圣诞礼物。"

"您是说，这车是您哥哥送给您的，您没有花一分钱？"小孩露出羡慕的神色。"唉，您多幸福！如果可能，我也愿意……"他的嘴里嗫嚅着。

当然，戴维知道小孩想说什么，他想说，他也愿意有这样的哥哥。然而，小孩不是这样说的，他说："我也愿意能像您的哥哥那样，要是我有钱的话。"他的话说出来以后，戴维不禁为之一震。

戴维很惊讶地看着小男孩，很激动地问道："你愿意坐我的车兜一圈吗？"

"哎呀，那太好了，我非常喜欢。"

汽车兜了一圈后，小孩双目炯炯有神，高兴极了。他说："先生，汽车从我家门口绕过一下行不行？"

戴维微微一笑，他以为自己知道这个小孩心里在想什么。他是不是想让邻居们看到他是坐一辆新车回家的？

可是，戴维又想错了。

"车子能在那个两级台阶前停一停吗？"孩子昂着头，天真地恳求道。

车停了，他下了车，向那个台阶跑去。

一会儿，戴维听到了小男孩走回来的声音。他走路的脚步很重，手臂里抱着一个更小更瘦弱的男孩——他的弟弟，一个残疾儿童。

他将弟弟放在台阶上，指着车子说："胡安，你看见了吗?就在那儿。那是他哥哥送给他的圣诞礼物，他没有花一分钱。总有一天我会送给你一辆崭新的车，和这辆汽车一模一样。那时候，你就可以坐着车子去看橱窗里摆设的好多好东西。"

小男孩把自己的脸贴在弟弟的脸上，露出向往和幸福的表情。戴维的心突然被什么东西猛刺了一下，他跳下汽车，将男孩怀里的弟弟抱上汽车前座，让他的哥哥坐在后面。就这样，3个人开始了愉快的平安夜之旅。

那一夜，戴维懂得了耶稣所说的一句话："你必在付出中得到你期望的快乐。"

就是在这一夜，戴维体会到了真正的爱的感觉。这是一种比被爱更好的感觉。

有爱就会有一切

一位夫人打开房门，看到三位银须飘然的老者坐在她家门前的台阶上。虽然夫人与他们素不相识，但还是礼貌地上前打招呼："您们一定饿坏了，进屋去吃点东西吧。"

"你家男主人在吗？"老人们问。

"在呀。"夫人答道。

"那你先去征求一下他的意见吧。"老人们回答。

夫人回屋里将此事告诉了丈夫。丈夫说："快去告诉他们，请他们进来吧！"于是她又出去邀请他们。

"可是，我们不一同进去。"老人们说。夫人感到疑惑。

一个老人指着一个同伴说："他名叫财富，"又指着另一个同伴说，"他叫成功，我是爱。" 他接着说，"我们只进去一个人，你去和丈夫商量一下，看你们愿意让哪一位进去。"

夫人把老人们的话告诉了丈夫，丈夫十分惊喜，说："既然如此，我们就邀请财富老人吧，快去请他进来！"妻子不同意，说："亲爱的，为什么不邀请成功呢？"这时他们的女儿插话了："我想，邀请爱进来不是更好吗？一家人拥有爱是最好的。"

"那就听女儿的话吧！"丈夫对妻子说。夫人出去告诉三位老人："我们商量过了，请叫'爱'的老人跟我来吧！"

爱朝屋里走去，可是另外两位老人也跟在后面。夫人不解地问财富和成功："刚才我邀请您们一起进来，您们说不能一同进屋。现在我邀请的是爱，您们怎么又愿意来了呢？"老人们一同回答说："难道你们不知道吗？哪里有爱，哪里就有财富和成功！"

记住：财富和成功永远跟在爱的后面，而不是相反。

很多人不明白这样的道理，他们在选择和决断的时候，总是出现错误，结果把全部的人生都弄错了。

不寻常的贝壳

在夏威夷一座偏远的小岛上，一位老师对一群小学生解释，为何人们在圣诞节要互赠礼物。

老师说："礼物表示我们的关爱和对耶酥降临的欢喜，也表示对爱我们的人的感激之情。"

圣诞节到了，一个男孩为老师带来一只闪闪发亮的贝壳，它是贝壳中少有的珍品。

老师问："你在哪儿发现这样一只不寻常的贝壳？"

男孩告诉老师，在二十多公里外的一个隐秘海滩，有时会有这种闪亮的贝壳被冲上岸。我爸爸说，那是一种很珍贵的贝壳。

于是，他走了二十多公里，为老师捡来了这样一只贝壳。

老师说："它真是太美了，我会一辈子珍惜它的。但你不应该走那么远的路专门去为我带一件礼物。"

男孩眨着眼睛说："一个贝壳作为礼物可能太轻了，我还把走路也作为礼物送给你。"

老师一下子紧紧抱住小男孩，激动地说："你的贝壳我很喜欢，但你'走路'这份礼物我觉得更珍贵。"

当我们童年时，我们会拿一只贝壳作为礼物，还加上"走路"；当我们成为少年，我们的礼物会变成玫瑰，再加上海誓山盟；可是，当我们成人时，我们的礼物不幸变成了金钱和财宝；等我们年老，我们最好的礼物就只有回忆和问候——这时候，我们最想得到的，就是童年的一只小贝壳……

费希玛的金鱼

在遥远的波斯尼亚，妇人费希玛和丈夫及两个儿子生活在一个小村落里。有一天，丈夫从外地回来，送给了儿子们一个鱼缸和两条金鱼。次年，波斯尼亚爆发了战争。在那个战火纷飞的年月，费希玛失去了丈夫，也失去了家园，不得不走上颠沛流离的逃难之路。

在弃家奔逃之际，费希玛不知道等待她和两个孩子的将是什么，一切是那么慌乱，那么仓促。但在这样的时刻，费希玛仍没忘记那两条金鱼，它们不仅代表已逝丈夫的爱意，更是两条活生生的生命。于是，她捧起金鱼缸从容地走向湖边，将它们轻轻放进蓝蓝的湖水里。

几年后，战火平息了，费希玛和孩子们结束逃难返回家乡。村庄一片废墟，处处都是荒凉。他们找到当年的住处，心情万分悲伤。这时，费希玛的大儿子突然叫了起来："妈妈，看那是什么！"他们当年放生金鱼的湖面泛着片片金光，仔细一看，是一群群活泼美丽的金鱼，跟他们当初放生的两条长得一模一样。

最值得庆幸的是，两个儿子从那片湖水中摸回了那个圆圆的金鱼缸，这是他们的父亲当年送给他们的礼物！费希玛和孩子们别提有多么高兴，仿佛与自己的亲人在乱世后重逢。

费希玛和她的金鱼的故事很快流传开来，人们纷纷前来观看，并顺便买两条拿回家喂养。于是出售金鱼成了费希玛一家维持生计的方式，使他们母子终于摆脱了战乱后的贫穷，过上了安宁殷实的生活。

当年，费希玛捧着两条金鱼走向湖边时，未必想过今天这样的结局。

费希玛不忍心看着两条生命在疏忽中消失：因为，对于生和死的感受，一条鱼和一个人肯定没有什么不同。

事实证明，即使只是两条鱼，它们也不会辜负一份善意。

妈妈只收 0 美元

美国得克萨斯州有一条法律：凡年满 14 岁的孩子，必须身体力行为父母分担家务，诸如洗碗、擦地、剪草坪等。

在一个星期天的晚上，聪明的男孩汤姆给妈妈写下了一份账单：

汤姆帮妈妈到超级市场买食品，妈妈应付 5 美元；汤姆自己起床叠被，妈妈应付 2 美元；汤姆擦地板，妈妈应付 3 美元；汤姆是一个听话的好孩子，妈妈应付 10 美元。合计：20 美元。

汤姆写完后，把纸条压在餐桌上，便上床睡觉去了。忙得满头大汗的妈妈看到这张纸条后，宽容地笑了笑，随手在上面添了几行字，放到汤姆的枕边。

醒来的汤姆，看到了这样的一张账单：

妈妈含辛茹苦地将汤姆怀了 10 个月，汤姆应付 0 美元；妈妈教汤姆走路、说话，汤姆应付 0 美元；妈妈每天为汤姆做好吃的食物，汤姆应付 0 美元；妈妈每个周末陪汤姆去儿童乐园，汤姆应付 0 美元；妈妈每天为汤姆祈祷，希望他成为天使般可爱的小男孩，汤姆应付 0 美元。合计：0 美元。

这张纸条，至今仍被汤姆珍藏着。它告诉汤姆，真正的爱是没法计量的。

妈妈为什么如此慷慨，因为她爱得太重；妈妈为什么如此宽容，因为她爱得太深。等我们心中有了妈妈那样重那样深的爱时，我们也会只索取 0 美元。

改变一生的赞美

卡耐基小时候是一个公认的坏男孩。

在他 9 岁的时候，父亲把继母娶进家门。当时他们还是居住在乡下的贫苦人家，而继母则来自富有的家庭。

父亲一边向继母介绍卡耐基，一边说："亲爱的，希望你注意这个全郡最坏的男孩，他已经让我无可奈何。说不定明天早晨以前，他就会拿石头扔向你，或者做出你完全想不到的坏事。"

出乎卡耐基意料的是，继母微笑着走到他面前，托起他的头认真地看着他。接着她回头对丈夫说："你错了，他不是全郡最坏的男孩，而是全郡最聪明最有创造力的男孩。只不过，他还没有找到发泄热情的地方。"

继母的话说得卡耐基心里热乎乎的，眼泪几乎滚落下来。就是凭着这一句话，他和继母开始建立友谊。也就是这一句话，成为激励他一生的动力，使他日后创造了成功的 28 项黄金法则，帮助千千万万的普通人走上成功和致富的道路。

在继母到来之前，没有一个人称赞过他聪明，他的父亲和邻居认定：他就是坏男孩。但是，继母就只说了一句话，便改变了他一生的命运。

卡耐基 14 岁时，继母给他买了一部二手打字机，并且对他说，相信你会成为一名作家。卡耐基接受了继母的礼物和期望，并开始向当地的一家报纸投稿。他了解继母的热忱，也很欣赏她的那股热忱，他亲眼看到她用自己的热忱，如何改变了他们的家庭。所以，他不愿意辜负她。

来自继母的这股力量，激发了卡耐基的想像力，激励了他的创造力，帮助他和无穷的智慧发生联系，使他成为美国的富豪和著名作家，成为 20 世纪最有影响的人物之一。

　　——爸爸，你是不是觉得我的画不够好？或者你对它还没有理解？
　　——哦，不，米雪尔，我觉得你的画太棒了！如果你肯努力，一定可以成为大师。我坚信。

　　赞美永远都不是多余的，尤其是对于孩子。一次真诚的赞美，可能胜过一万次严厉的责备。

快乐的大树

从前有一棵树，她非常疼爱一个小男孩。

男孩每天都会跑来，收集她的叶子，把叶子编成皇冠，扮演森林里的国王。男孩会爬上树干，吃吃果子，抓着树枝荡荡秋千。他们会一起捉迷藏，玩累了，男孩就睡在树荫下。

男孩非常喜爱这棵树。树因此很快乐。

日子一天天过去，男孩长大了，他离开了树，树常常感到孤单。

有一天男孩来到树下，树说："来啊，孩子，来，爬上我的树干，吃吃甜果，抓着我的树枝荡秋千，在我的树荫下玩耍吧！"

"我不是小孩子了，我不要爬树和玩耍"，男孩说，"我要闯天下，我要钱。你可以给我一些钱吗？"

"真抱歉"，树说，"我没有钱。我只有树叶和树果。孩子，拿我的果子到城里去卖，这样，你就会有钱，你就会快乐了。"

于是男孩爬到树上，摘下她的果实，把它们通通带走了。

树很快乐。

男孩好久没有再来，树很伤心。

有一天，男孩回来了，树高兴得发抖，她说："来啊，孩子，爬上我的树干，抓着我的树枝荡秋千，快快乐乐地玩吧！"

"我太忙了，没时间爬树"，男孩说，"我想要一间房子保暖，我还想要妻子和小孩。你能给我一间房子吗？"

"我没有房子"，树说，"森林就是我的房子。不过你可以砍下我的树枝去盖房子，这样你会快乐了。"

于是男孩砍下了她的树枝，把树枝带走去盖了一间漂亮的房子。

树因此很快乐。

可是男孩好久都没有再来，所以当男孩又回来时，树非常快乐，快乐得几乎说不出话来。"来啊，孩子"，她轻轻地说，"过来，来玩啊！"

"我又累又伤心，玩不动了"，男孩说，"我想要一条船，可以带我离开这里。你可以给我一艘船吗？"

"砍下我的树干去造船吧！这样你就可以远航，你就会快乐。"树说。

于是男孩砍下她的树干，造了一条船，坐船走了。树依然很快乐。

过了好久好久，男孩又回来了。

"我很抱歉，孩子，"树说，"我已经没有东西可以给你了，我的果子也没了！"

"我的牙齿咬不动果子了。"男孩说。

"我的树枝也没了，你不能在上面荡秋千了。"

"我太老了，没有办法在树枝上荡秋千。"男孩说。

"我的树干没了，你不能爬树玩了。"

"我四肢无力了，爬不动树了。"男孩说。

"我真希望我能给你些什么，可是我什么也没了，我只剩下一根老树桩。我很抱歉。"

"我现在要的不多，"男孩说，"只要一个安静的可以休息的地方，我很累很累。"

"好啊！"树一边说，一边努力挺直身子，"正好啊，老树桩是最适合坐下来休息的。来啊，孩子，坐下来，坐下来休息呀。"

男孩坐了下来。树非常快乐，真的非常快乐……

一生中，总会遇到像这棵树一样的人。母亲像不像这棵树？最关怀你的师长像不像这棵树？深爱你的人像不像这棵树？

人是在不断的索取中成长，但很多人不知道这一点。所以，我们的过错不光是一味索取，而是索取之后不知道感激。

爱我们的人为我们奉献，当我们享受这种奉献时，千万不要以为理所当然。

无私奉献的报偿

多年以前，在荷兰的一个小渔村，全村人都以捕鱼为生。而大海瞬息万变，危机四伏。因此，为了应对突发的海难，村里人组织了一个自愿紧急救援队。

那是一个漆黑的夜晚，海面上乌云翻滚，狂风怒吼。巨浪掀翻了一条渔船，船员的生命危在旦夕，他们发出了SOS求救信号。救援队的队长听到了警报，火速召集自愿紧急救援队的成员，乘着划艇，冲入了汹涌的海浪中。忧心忡忡的村民们都聚集在海边，翘首眺望着云波翻卷的海面，他们每人都举着一柄提灯，为救援队照亮凶险四伏的归途。

一个小时之后，救援队的划艇终于乘风破浪向岸边驶来。渔民们喜出望外，欢呼着上前去迎接。当救援队长清点人数时，发现漏掉了一个人！刚才还欢欣鼓舞的人们顿时安静下来，才落下的心又悬到了嗓子眼儿。救援队长急忙组织另一队自愿救援者前去搭救那个丢下的人。

16岁的汉斯自告奋勇地报了名。他的母亲抓住了他的胳膊，用颤抖的声音说：“汉斯，你不要去。10年前，你的父亲就是在海难中丧生的，3个星期前你的哥哥保罗也出了海，可是到现在连一点消息也没有。孩子，你现在是我惟一的依靠了！求求你千万不要去！”

看着母亲憔悴的面容和近乎乞求的眼神，汉斯心头一酸，泪水在眼中直打转，但是他强忍住没让它流下来。“妈妈，我必须去！”他坚定地答道。“妈妈，您想想，如果我们每个人都说

'我不能去，让别人去吧！'那情况将会怎样呢？"汉斯张开双臂，紧紧地拥抱了一下他的母亲，然后义无反顾地登上了救援队的划艇，冲入无边无际的黑暗之中。

10分钟过去了，20分钟过去了……一小时过去了。这一个小时，对于汉斯的母亲来说，真是太漫长了。终于，救援船再次冲破黑暗，出现在人们的视野之中。只见汉斯站在船头向岸上眺望，救援队长把手握成喇叭状，向汉斯高声喊道："汉斯，找到了吗？"

汉斯高兴地大声回答："队长，我们找到啦！请您告诉我妈妈，我找到了我的哥哥——保罗！"

人生就是这样得到回报的。有时侯它好像很偶然，很出乎意外，但无数事实证明，无论是好的回报还是坏的回报，一定有其深刻的原因——这个原因是：我们一定曾经为这个结果做过什么，我们的为人或习惯一定有导致这种结果的某种因素。

小狗的价值

一名店主在门上挂了一幅广告，上面写着"出售小狗"。当天下午，就有一个小男孩出现在广告牌下。

"你的小狗卖多少钱？"他问道。

"30 至 50 美元不等。"

"我有 2.75 美元。请允许我看看它们，好吗？"

店主吹了一声口哨，负责管理狗舍的女士出现了，身后跟着 5 只毛茸茸的小狗。小男孩发现，其中一只小狗远远落在后面，一条腿一跛一跛的。

"那只小狗有什么毛病吗？"

店主解释道："它天生就这样，医生说没法治好。"

小男孩说："就是那只小狗，我把它买了。"

店主说："如果你真的想要，我把它送给你好了。"

小男孩十分气愤，他瞪着店主的眼睛说："我不需要你把它送给我，它应该和别的小狗值一样的价钱。我现在付 2.75 美元，以后每月付 50 美分，直到付完为止。"

店主劝说道："你真的用不着买这只狗，它不可能像别的小狗那样又蹦又跳地陪你玩儿。"

听到这句话，小男孩卷起裤脚，露出严重畸形的小腿。他的左腿是跛的，靠一根金属架支撑着。

他看着店主，轻声说道："我自己也跑不好。那只小狗需要一个理解它的人。"

生命原是没有差别的，可是我们自己却生有差别心。没有差别的生命本可以一样获得快乐和幸福，可是我们的差别心却将一样的快乐和幸福分割成快乐和烦恼、幸福和不幸。

差别心将生命平白地撕裂成贵贱，结果使生命的尊严丧失，结果所有的人都要在生命的等级中绝望地挣扎。

不是养花是养小孩

大卫有两个天真活泼的孩子，一个 5 岁，另一个 7 岁。

一天，大卫正在教 7 岁的儿子凯利如何使用割草机。当他教到"怎么给割草机掉头"时，他的妻子莫娜突然喊住他，向他询问一件事情。

大卫转过身回答莫娜的问题，调皮的凯利却把割草机推到了草坪旁边的花圃里。他本来是想练习一下怎样掉头，见父亲没有过来，就充分利用他刚刚学到的割草技术，在花圃中大胆尝试起来。

割草机所到之处，花叶遍地，原来美丽灿烂的花圃，瞬间变得一片狼藉。

当大卫转过身看见眼前的情景时，他简直怒不可遏，差点快要气疯了。要知道，这个花圃牺牲了他多少时间和多少精力啊！可是仅仅才几分钟，就被凯利弄得不成样子了。

"哦，天哪！凯利，你在干什么呀！"他怒吼着跳起来，不顾一切地奔向凯利。就在他准备惩罚儿子的时候，妻子飞快地跑到他的前面，面色严肃地对他说："大卫，别这样！要知道，我们是在养小孩，不是在养花！"

听了妻子的话，看着被吓得不知所措的儿子，大卫感到万分惭愧。他垂着头让自己冷静了一下，然后，一把将凯利紧紧地搂在怀中。

花园被破坏了，还可以修复；花朵被剪掉了，还可以生长；童贞的心灵如果受伤，可能一生都无法痊愈。

成　功

奋斗人生的酒杯

HARVARD
FAMILY
INSTRUCTION

迪斯尼的老鼠

一个年仅21岁的小画家，怀揣仅有的40美元，从家乡提着装有衬衫、内衣以及绘画材料的皮箱来到堪萨斯城。

他经历了多次的失败，几乎一无所有。因无钱交房租，只好借用一家废弃的车库作为画室，每天夜里都会听到老鼠"吱吱"的叫声。

一天，他昏沉沉地抬起头，看见幽暗的灯光下有一双亮晶晶的小眼睛在闪动。他没有捕杀这只小精灵，磨难已便他具有艺术家悲世悯人的情怀。往后的日子里，他与这只小老鼠朝夕相处，经常会在黑暗中你看着我，我看着你。艰难的岁月中，他们仿佛建立了一种默契和友谊。

不久，他离开了堪萨斯城，去好莱坞制作一部卡通片。然而，他设计的卡通形象一一被否决了，他再次品尝了失败的滋味。他穷得身无分文，多少个不眠之夜，他在黑暗中苦苦思索，甚至怀疑起自己的天赋。

突然，他想起了那双亮晶晶的小眼睛！灵感像一道电光在黑夜里闪现了：小老鼠！就画那只可爱的小老鼠！全世界儿童所喜爱的卡通形象——米老鼠就这样诞生了。

他就是大名鼎鼎的沃尔特·迪斯尼。从此以后，他凭借着自己的才干和灵感，一步步筑起了迪斯尼大厦。

上苍给他的并不多，只给了他一只小老鼠，然而他"抓"住了。对沃尔特·迪斯尼来说，这只小老鼠价值千万。

我们拥有身边的万物，但我们却经常说自己一无所有。我们没有成功，是因为我们没有思考，更没有行动。我们的许多机遇，在我们已经麻木的视野里消失。

如果一只老鼠可以让一个人的生命辉煌，我们还缺少什么？

1000 美元可以做什么

1000 美元并不是个大数目，很多人都有过这么多钱。

有的人有了这么多钱，就马上用它去购买一套名牌服装；有人看到诱人的广告，立即就购买了旅行社的团票，到一个风景秀丽的地方作一次舒心漫游；有的人可能会用它去买一份保险；更多的人会把它存进银行，作为今后的不时之需。但是，如果是戴尔，如果是詹姆斯·希尔，他们绝不会这么做。

1000 美元的用法，不仅包含了一个人的生存智慧，尤其显示了一个人生命的境界和生活的技巧。

刚满 19 岁大学还没有上完的戴尔，靠出售电脑配件赚到了 1000 美元。拿到这笔钱的当天，他在日记中写下了使用这 1000 美元的三种计划：举办一次由所有好朋友参加的盛大酒会；买一辆二手福特轿车；成立一家电脑销售公司。

经过反复思考，戴尔终于否定了前两种方案，尽管它们是那样诱人。第二天，戴尔用这 1000 美元注册了公司，开始代销 IBM 电脑。

两年后，他赚到了足够的钱，于是开始自己组装电脑，并推出了自有品牌。由于可以采用世界上各家电脑公司的配件，各个档次的用户都能满足，戴尔电脑很快成为热销品牌。

如今，戴尔电脑的销售额位居全球第二，利润额全球第一。戴尔的个人财富已达 214.9 亿美元，在全球富翁榜上排名第四。在全球最年轻的 6 位富翁中，名列第一。

无独有偶，美国铁路大亨詹姆斯·希尔开始创业时，也只有 1000 美元，而且这 1000 美元还是从别人手里借来的。有了这 1000 美元，他首先与人合伙创办了一家经营谷物和肉类的公司，然后开始涉足铁路建筑行业，一步步成为世界级超级富豪。

詹姆斯·希尔一直活到 89 岁。在他晚年的时候，不断有人询问他关于成功的秘密。对于这个问题，他的答案从来只有一句话：我知道怎样使用 1000 美元。

百万富翁 17 岁

　　达瑞出身于美国一个中产阶级家庭。父母在生活上对他要求很严，平时很少给他零花钱。达瑞 8 岁的时候，有一天他想去看电影，身上却分文全无。是向爸妈要钱还是自己挣钱？达瑞第一次开始思考这样的问题。最后，他选择了后者。他自己调制了一种汽水，把它放在街边，向过路的行人出售。可那时正是寒冷的冬天，没有人购买，最后只等到两个顾客——他的爸爸和妈妈。

　　他偶然得到了和一个成功商人谈话的机会，当他对商人讲述了自己的"破产史"后，商人给了他两个重要的建议：第一，尝试为别人解决一个难题，那么你就能赚到许多钱；第二，把精力集中在"你知道的、你会的和你拥有的"东西上。

　　这两个建议很关键。因为对于一个 8 岁的男孩而言，他不会做的事情还很多。于是他穿过大街小巷，不停地思考：人们会有什么难题？如何为他们解决难题？

　　这其实很不容易。好点子似乎都躲起来了，他什么办法都想不出来。但是有一天，父亲无意中激发了他的灵感火花。

　　一天吃早饭时，父亲让达瑞去取报纸——美国的送报员总是把报纸从花园篱笆中一个特制的管子里塞进来。假如你想穿着睡衣，一边舒服地吃早饭，一边悠闲地看报纸，就必须先离开温暖的房间到房子的入口处去取报，即使在天气不好的时候也必须如此。虽然有时候只需要走二三十步路，但也是非常麻烦的事情。

　　当达瑞为父亲取回报纸的时候，一个主意诞生了。当天他就挨个按响邻居的门铃，对他们说：每个月只需付给他 1 美元，他就每天早晨把报纸塞到他们的房门下面。大多数人都同意了，达瑞很快有了 70 多个顾客。当他在一个月后第一次赚到一大笔钱的时候，他觉得简直是飞上了天。

高兴的同时他并没有满足现状，他还在寻找新的赚钱机会。经过一段时间的思考，他决定让他的顾客每天把垃圾袋放在门前，然后由他早晨送报时顺便运到垃圾桶里——每个月另加 1 美元。他的客户们很赞赏这个点子，于是他的月收入增加了一倍。后来他还为别人喂宠物、看房子、给植物浇水，他的月收入随之直线上升。

9 岁时，他开始学习使用父亲的电脑。他学着写广告，而且开始把小孩子能够挣钱的方法全部写下来。因为他不断有新的主意，有了新主意就马上实施，所以很快他就有了丰厚的积蓄。他母亲帮他记账，好让他知道什么时候该向谁收钱。

随着业务的扩大，达瑞必须雇佣别的孩子为他帮忙，然后把收入的一半付给他们。如此一来，钱便潮水般涌进了他的腰包。

一个出版商注意到了达瑞，并说服他写了一本书，书名叫《儿童挣钱的 250 个主意》。因此，达瑞在他 12 岁的时候，就成了一名畅销书作家。

后来电视台发现了他，邀请他参加许多儿童谈话节目。他在电视里表现得非常自然，受到许多观众的喜爱。到 15 岁的时候，达瑞有了自己的谈话节目，通过做电视节目和电视广告，他已经发展到日进斗金的程度。

当达瑞 17 岁的时候，他已经成了百万富翁。

达瑞所做的事，任何一个与他同龄的孩子都能做。他这样做不只是赚了钱，对一个孩子来说，最重要的是赚取了阅历和自信。

获取财富的过程，可以使孩子懂得生活的艰辛，也可以让他们看见世界的另一面。

一个享受财富的人和一个创造财富的人，他们对人生的体验肯定不同——孩子们从小就应该知道这些不同。

源太郎凭什么

多年前，源太郎失业了。一个偶然的机会，他从一位美国军官那里学会了擦鞋。他很快就迷上了这种工作，只要听说哪里有出色的擦鞋匠，就千方百计地赶去请教，虚心学习。

日子一天天过去了，源太郎的技艺越来越精湛。他的擦鞋方法别具一格：不用鞋刷，而用棉布绕在右手食指和中指上代替。那些早已失去光泽的旧皮鞋，经他匠心独具的一番擦拭，无不焕然一新，光可鉴人。

在业余时间里，源太郎就到各种档次的商场鞋柜参观，加深自己对各国不同品牌皮鞋的了解；他还经常到人群聚集的大街上，细心观察人们穿着皮鞋走路的不同姿态。就这样，源太郎逐渐形成了高深的职业素养。只要他与人擦肩而过，便能知道对方的皮鞋皮质如何，产自何处。从鞋的磨损部位和程度，就可以说出这个人的健康状况和生活习惯。

他的超群技艺，打动了东京一家名叫"凯比特"的四星级饭店经理，他将源太郎请到饭店，专门为来这里的顾客擦鞋。

令人惊讶的是，自从源太郎来到"凯比特"之后，演艺界、文化界、商界乃至政界的众多名人，一到东京便非"凯比特"不住。他们对此处情有独钟的原因非常简单，就是要享受一下源太郎的"五星级服务"。当他们穿着焕然一新的皮鞋翩然而去时，他们就深深地记下了源太郎的名字。

源太郎一丝不苟的精神和非同凡响的绝技，为他赢得了众多顾客的青睐。他的客户不只来自东京、大阪、北海道，甚至还有香港、新加坡、马来西亚等地。在他简朴的工作室内，堆满了发往各地的速寄鞋箱。

如今的源太郎，早已成为"凯比特"的一块金字招牌。然而，当初谁也不会想到，一个擦鞋匠竟能拥有今天这样的成功。

儿子，你已经长大成人了，从现在起，你应该去独自闯荡，用自己的双手打造自己的天下。至于你从小到大欠我的总计达六十一万四千五百美元的抚养费，你可以按银行最低利率分二十年还清。可以吗？

每个人都是一根长短相同的杠杆，我们能否成功，关键在于我们能否为自己找到一个最合适的支点。这个支点就在自己的身边，找到了，你就可以撬动地球。

终生成就奖

　　日本有一项国家级的奖项，叫"终生成就奖"。在素来都把荣誉看得比自己的生命更为重要的日本人心目中，这是一项人人都梦寐以求却又高不可攀的至高荣誉。在日本，有无数的社会精英博学人士一辈子努力奋斗的目标，就是希望能够最终获得这项大奖。但最近一届的"终生成就奖"，却在举国上下的期盼和瞩目中，出人意料地颁发给了一位名叫清水龟之助的小人物。

　　清水龟之助是东京一名地位卑微的邮差，他每天的工作，就是将各式各样的邮件快速而准确地投送到每一个相关的家庭。与那些长期从事能够推动人类历史快速发展的高尖端科技研究的专家学者们相比，清水龟之助所从事的工作，简直就是微不足道不值一提的事。然而，就是这位长期从事着如此平淡无奇的邮差工作的清水龟之助，却无可争议地获得了这项殊荣。

　　在他从事邮差工作的整整25年中，清水龟之助的工作态度始终和他到职第一天的那种认真和投入没有什么两样。在不算短暂的25年中，他从未有过请假、迟到、早退、脱岗等任何不良情况。而且他所经手投递的数以亿计的邮件，从未出现过任何差错。不论是狂风暴雨，还是地冻天寒，甚至在大地震的灾难当中，他都能够及时而准确地把邮件投送到收件人的手中。

　　是什么样的力量支持着清水龟之助几十年如一日持之以恒地把一件极为平凡普通的工作，铸造成了一项伟大无比的成就呢?清水龟之助对此不无感慨地说："是快乐，我从我所从事的工作中，感受了无穷的快乐。"

清水龟之助说，他之所以能够25年如一日地做好邮差这份卑微的工作，主要是他喜欢看到人们在接获远方的亲友捎来的讯息时，脸上出现的那种发自内心的快乐而欣喜的表情。自己微不足道的工作，竟然能够给别人带来莫大的心灵安慰和精神快乐，这使他感到更大的欣慰和快乐，所以他觉得自己的工作神圣而有意义。他说，只要一想起收件人脸上荡漾开来的那种快乐表情，即使再恶劣的天气，再危险的境况，也无法阻止我一定要将邮件送达的决心。

正是这种快乐的力量，支持清水龟之助完成了这项伟大的成就；也正是这种在极其平凡的工作中能够感受到生活快乐的精神，感动了这个轻易不会被感动的民族。

快乐是人类最神圣的情感需求，每个人都应该尊重它，并且有义务在生活的每时每处创造它，传播它。

有什么比一个全心全意为了获得快乐和传播快乐而工作的人更伟大、更应该受到尊敬？

你觉得快乐，你就能把事情做得更好。

因为没有e-mail

有一个失业的年轻人，到微软去找一份清洁工的工作。在经过面试和实践考查后，人力资源部告诉他被录取了。

"请你将e-mail address（地址）给我们，以方便工作联系。"年轻人说："我没有电脑，所以也没注册e-mail address。"人力资源部告诉他："对微软来说，没有e-mail addresss的人等于不存在的人，所以微软不能聘用你。"

他很失望地离开了微软，揣着口袋里仅有的十美元，到便利商店买了十公斤马铃薯，挨家挨户转手卖出。两个钟头后马铃薯卖光了，他得到了15美元。

他从来没想过，自己竟然可以这样挣钱。于是，他继续推销马铃薯，业务不断增多，利润也不断增加。

有了成本之后，他认真地做起这种送货上门的生意。自身的努力加上好人缘，短短的五年后，他建立了一个庞大的"挨家挨户"贩售公司，以优惠的价格，将新鲜蔬果送到客户的家门口。

保险公司找到他，要为他和家人设计一套保险，他同意了。签约时，业务员向他要e-mail address。他不得不再次说："我没有电脑，也没有e-mail address。"业务员很惊讶："您拥有这么大一个公司，却没有e-mail address。想想看，如果你有电脑和e-mail address的话，可以多做多少事情啊！"

他淡然一笑，说："那样的话，我就会成为微软的清洁工。"

每个人都不是完善的，你拥有一些东西，必然也缺失一些东西。有的人会永远为缺失感叹，因为一种缺失而丧失了所有的拥有。

不要太在意自身的不足和弱点，你只要学会利用一种或几种拥有的优势就足够了。没有e-mail address不要紧，就去做配送，结果你发现这才是你的长项。

人不需要什么都会，只要会你最擅长的那一种本领就可以安身立命。

路的旁边也是路

我们在一条路上不断地走，常常会觉得自己已经把路走完了。实际上，路的旁边也是路。

西田千秋开始走在松下指引的那条路上，后来他试着往旁边跨了几步，就发现了无数的路，而且条条都是全新的路，并最终领着他走向了巨大的成功。

更多的时候，我们在生活的路上走得不好，不是路太狭窄了，而是我们的眼光太狭窄了，所以最终堵死我们的不是路，而是我们自己。

1956 年，松下电器与日本生产电气精品的大阪制造厂合资，设立了大阪电气精品公司，制造电风扇。当时，松下幸之助委任松下电器公司的西田千秋为总经理，自己任顾问。

这家公司的前身是专做电风扇的，后来开发了民用排风扇。但即便如此，产品还是显得很单一。西田千秋准备开发新的产品，试着探询松下的意见。松下对他说："只做风的生意就可以了。"

松下的想法是想让松下电器的附属公司尽可能专业化，以期有所突破。可是当时的电风扇制造已经做得相当卓越，颇有余力开发新的领域。尽管如此，西田得到的仍是松下否定的回答。

然而，西田并未因松下这样的回答而灰心丧气。他紧盯住松下问道："只要是与风有关的，任何事情都可以做吗？"

松下并未细想此话的真正意思，但西田所问与自己的指示很吻合，所以回答说："当然是这样。"

四五年之后，松下又到这家工厂视察，看到厂里正在生产暖风机，便问西田："这是电风扇吗？"

西田说："不是。但它和风有关。电风扇是冷风，这个是暖风。你说过，要我们做风的生意。这难道不是吗？"

松下精工的产品，越来越丰富了，除了电风扇、排风扇、暖风机、鼓风机之外，还有果园和茶圃的防霜用换气扇、培养香菇和家禽养殖用的调温换气扇……西田千秋只做风的生意，就为松下公司创造了一个又一个的辉煌。

成功就站在失败的后面

1832年的美国，有一个人和大家一道失业了。他很伤心，但他下决心改行从政。他参加州议员竞选，结果竞选失败了。他着手开办自己的企业，可是，不到一年，这家企业倒闭了。此后几年里，他不得不为偿还债务而到处奔波。

他再次参加竞选州议员，这一次他当选了，他内心升起一丝希望，认定生活有了转机。第二年，即1851年，他与一位美丽的姑娘订婚。没料到，离结婚日期还有几个月的时候，未婚妻不幸去世，他心灰意冷，数月卧床不起。

1852年，他决定竞选美国国会议员，结果仍然名落孙山。但他没有放弃，而是问自己："失败了怎么办？"

1856年，他再度竞选国会议员，他认为自己争取作为国会议员的表现是出色的，相信选民会选举他，但还是落选了。

为了挽回竞选中花销的一大笔钱，他向州政府申请担任本州的土地官员。州政府退回了他的申请报告，上面的批文是："本州的土地官员要求具有卓越的才能，超常的智慧。"

接二连三的失败并未使他气馁。过了两年，他再次竞选美国参议员，仍然遭到失败。

在他一生经历的十一次重大事件中，只成功了两次，其他都是以失败告终，可他始终没有停止追求。1860年，他终于当选为美国总统。他就是至今仍让美国人深深怀念的亚伯拉罕·林肯。

一直坚持到最后的人才知道，世界上没有"不可能"。伟人和凡人的不同，只是在于能否坚持到最后的而已。

成功就站在失败的后面，朝前走几步，你就会看见。

上帝的杯子

进入日本帝国酒店工作的年轻人，最初都必须经过一段全方位的职业培训，然后再根据各自的不同情况被安排到不同岗位。有个女孩原以为自己会得到一份和她身份相符的工作，但出乎意料的是，经理却让她洗扫厕所。

这个女孩是接受贵族教育长大的，在她心目中，这份工作卑贱而且低俗。第一天伸出手洗马桶时，她几乎呕吐。勉强干了两个多星期，她就再也不想在这里呆下去了。她的心情糟糕到了极点。

和她在一起做厕所清洁员的是一位50多岁的老人，他在帝国酒店做了23年的清洁工。有一天，她看见这位前辈在洗完马桶后，居然伸手从马桶里盛了满满一杯水，当着她的面一饮而尽。

她顿时目瞪口呆。那位前辈却很自豪地说："你看，经过我的手清洗的马桶，干净得连里面的水都可以喝下去。"

这位前辈的举动给了她很大的启迪。从这以后，每次洗完一只马桶，她就会想，我可以从中舀一杯水喝下去吗？

培训的期限到了，当经理验收考核时，这位贵族小姐当着很多人的面，从自己洗过的马桶池里盛出一杯水，仰头喝了下去。

37岁以前，她是日本帝国酒店的普通员工，是那里工作最出色的人。37岁以后，她开始步入政界，最后成为日本内阁邮政大臣——野田圣子。

在很多场合，她都这样介绍自己的身份：最出色的厕所清洁工，最忠于职守的内阁大臣。

有一则这样的谚语："上帝给每人一个杯子，你从里面饮入生活。"

一样的人，一样的杯子，可是，我们饮入的生活却千差万别。

是什么造成了这样的差别？——是我们对生活的不同态度。

你想饮入怎样的一种生活，决定权在你，而不在杯子。

一把椅子的问候

一个阴云密布的午后，大雨突然间倾泻而下，一位浑身湿淋淋的蹒跚老妇，走进费城百货商店。看着她狼狈的样子和简朴的衣裙，所有的售货员都对她不理不睬。

只有一位年轻人热情地对她说："夫人，我能为您做点什么吗？"老妇莞尔一笑："不用了，我在这儿躲会儿雨，马上就走。"但是，她的脸上明显露出不安的神色，因为雨水不断从她的脚边淌到门口的地毯上。

正当她无所适从时，那个小伙子又走过来了，他说："夫人，您一定有点累，我给您搬一把椅子放在门口，您坐着休息一会儿吧！"两个小时后，雨过天晴，老妇人向那个年轻人道了谢，并向他要了一张名片，然后就消失在人流里。

几个月后，费城百货公司的总经理詹姆斯收到一封信，信中指名要求这位年轻人前往苏格兰，收取一份装潢材料订单，并让他负责几个家族公司下一季度办公用品的供应。詹姆斯震惊不已，匆匆一算，只这一封信带来的利益，就相当于他们两年的利润总和。

当他以最快的速度与写信人取得联系后，方知她正是美国亿万富翁"钢铁大王"卡内基的母亲——就是几月前曾在费城百货商店躲雨的那位老太太。

詹姆斯马上把这位叫菲利的年轻人推荐到公司董事会上，当菲利收拾好行李准备去苏格兰时，他已经是这家百货公司的合伙人了。那年，菲利22岁。

不久，菲利应邀加盟到卡耐基的麾下。随后的几年中，他以一贯的踏实和诚恳，成为"钢铁大王"卡内基的左膀右臂，在事业上扶摇直上、飞黄腾达，成为美国钢铁行业仅次于卡内基的灵魂人物。

而这一切都是来自一把椅子的问候。

通常，一个希望成功的人，总会不遗余力地获取"得到"的机会，这是很正常的。不过，聪明的人不仅会抓住一切"得到"的机会，他们更会抓住一切"给予"的机会。"给予"不会给自己带来直接的利益，但它会为更大的"得到"埋下伏笔。

肯首先"给予"是难得的，"给予"的时候根本就没想"得到"就更加难得——只有那些胸怀博大的人才可能这样做。

结果，他们却"得到"了很多。

对不起，爸爸来晚了，今天实在太忙。没料到你竟然得了第一名，我真的很高兴！下一回，我一定从头到尾看着你打赢一场比赛。为了这个，我愿意把一切放下。

名著从一页纸开始

哈里在美国海岸警卫队服役的时候就爱上了创作，但不知为什么，他总不能写出让人满意的作品。哈里认为，他必须先有了灵感才能写作，所以，他每天都必须等待"情绪来了"，才能坐在打字机前开始工作。

不言而喻，要具备这个理想的条件并不容易，因此，哈里很难感到有创作的欲望和灵感。这使他更为情绪不振，也越发写不出好的作品。

每当哈里想要写作的时候，他的脑子就变得一片空白，这种情况使他感到害怕。为了避免瞪着白纸发呆，他就干脆离开打字机。他去收拾一下花园，把写作暂时忘掉，心里马上就好受些。他也用其他办法来摆脱这种心境，比如去打扫卫生间，或者去刮刮胡子。

但是，对于哈里来说，这些做法还是无助于他在白纸上写出文章来。后来，他偶尔听了作家奥茨的经验，觉得深受启发。奥茨说："对于'情绪'这种东西，你千万不能依赖它，从一定意义上来说，写作本身也可以产生情绪。有时，我感到疲惫不堪，精神全无，连五分钟也坚持不住了。但我仍然强迫自己写下去，而且不知不觉地，在写作的过程中，情况完全变了样。"

哈里认识到，要实现一个目标，你必须呆在能够实现目标的地方才行。要想写作，就非在打字机前坐下来不可。在卫生间或花园里，永远都写不出什么。

经过冷静地思考，哈里决定马上行动起来。他制订了一个计划，把起床的闹钟定在每天早晨七点半，到了八点钟，他便可以坐在打字机前。他的任务就是坐在那里，一直坐到他在纸上写出东西为止。如果写不出来，哪怕坐一整天，也决不动摇。他还订了一个奖惩办法：每天写完一页纸才能吃早饭。

第一天，哈里忧心忡忡，直到下午两点钟他才打完一页纸。第二天，哈里有了很大进步，坐在打字机前不到两小时，就打完了一页纸，较早地吃上了早饭。第三天，他很快就打完了一页纸，接着又连续打了五页纸，这才想起吃早饭的事情。

经过了长达12年的努力，他的作品终于问世了。这本仅在美国就发行了160万册精装本和370万册平装本的长篇小说，就是我们今天读到的经典名著——《根》，哈里因此书获得了美国著名的"普利策奖"。

如果我们从小就知道，做好任何事都必须付出艰辛，那么我们就不会害怕困难，就不会在遇到挫折时轻易放弃。

许多人没有成功，只是因为太容易放纵自己。当我们要失去信心的时候，不妨自问一句：为什么不能再坚持一会儿？

总统和亿万富翁的生活原则

托马斯·杰斐逊是美国第三任总统，他在给孙子的忠告里，提到了以下10点生活原则：

⊙今天能做的事情绝对不要推到明天。

⊙自己能做的事情绝对不要麻烦别人。

⊙绝不要花还没有到手的钱。

⊙绝不要贪图便宜购买你不需要的东西。

⊙绝对不要骄傲，那比饥饿和寒冷更有害。

⊙不要贪食，吃得过少不会使人懊悔。

⊙不要做勉强的事情，只有心甘情愿才能把事情做好。

⊙对于不可能发生的事情不要庸人自扰。

⊙凡事要讲究方式方法。

⊙当你气恼时，先数到10再说话；如果还是气恼，那就数到100。

约翰·丹佛是美国硅谷著名的股票经纪人，家喻户晓的亿万富翁。在接受记者的一次采访中，他被要求对以上几个问题作出自己的回答。非常有趣的是，他的答案和托马斯·杰斐逊的看法形成了鲜明的对比，使我们从中看出一个政治家和一个商人的截然不同：

⊙今天的事情如果放到明天去做，你就会发现结果可能全然不同，尤其是买卖股票的时候。

⊙别人能做的事情，我绝对不自己动手去做。因为我相信，只有别人做不了的事情才值得我去做。

⊙如果可以花别人的钱来为自己赚钱，我就绝对不从自己口袋里掏一个子儿。

⊙我经常在商品打折的时候去买很多东西，哪怕那些东西现在用不着，可是总有用得着的时候，这是一个基本的预测功能。就像我只在股票低迷的时候买进，需要的是同样的预测功能。

⊙很多人认为我是一个狂妄自大的人，这有什么不对呢?我的父母我的朋友们在为我骄傲，我看不出我有什么理由不为自己骄傲。我做得很好，我成功了。

⊙我从来不认为节食这么无聊的话题有什么值得讨论的。哪怕是为了让我们的营养学家们高兴，我也要做出喜欢美食的样子。事实上，我的确喜欢美妙的食物，我相信大多数人都有跟我一样的喜好。

⊙我常常不得不做我不喜欢的事情。我想在这个世界上，我们都没有办法完全按照自己的意愿做事。我的理想是当一个音乐家，最后却成为一个股票经纪人。

⊙我常常预测灾难的发生，哪怕那个灾难的可能性在别人看来几乎为零。正是我的这种本能，使我的公司能够在美国的历次金融危机中安然逃生。

⊙我认为只要目的确定，就不惜代价去实现它。至于手段，在这个时代，人们只重视结果，有谁去在乎手段呢?

⊙我从不隐瞒我的个人爱好，以及我对一个人的看法，尤其是当我气恼的时候，我一定要用大声吼叫的方式发泄出来。

每个人都有自己的原则，无论是托马斯·杰斐逊，还是约翰·丹佛。

不同的行为原则会造就不同的个性，而不同的个性，最终将造就不同的人生。这就是托马斯·杰斐逊之所以是托马斯·杰斐逊，约翰·丹佛之所以是约翰·丹佛的原因了。

你想成为什么样的人，仅靠空想是办不到的。你必须从小事做起，从你每天所做的小事中，形成自己的风格，最后完成对自我的塑造。

5∶30 的演奏

有一个孩子非常喜欢拉小提琴，他 7 岁时就和旧金山交响乐团合作演奏了门德尔松的小提琴协奏曲，未满 10 岁就在巴黎举行了公演，被人们誉为神童。

1926 年，10 岁的小男孩在父亲的带领下，来到巴黎拜访艾涅斯库，他一心想成为艾涅斯库的学生。

他说："我想跟您学琴！"艾涅斯库冷漠地回答："你找错人了，我从来不给私人上课！"男孩坚持说："但我一定要跟您学琴，求您先听听我拉琴吧！"艾涅斯库说："这件事不好办，我正要出远门，明天早晨六点半就要出发！"男孩忙说："我可以提早一个小时来，在您收拾东西时拉给您听，好吗？"

艾涅斯库被男孩的坚决意志打动了，他说："那好吧，明早五点半到克里希街 26 号，我在那里等你。"

第二天早晨 6 点钟，艾涅斯库听完了男孩的演奏。他兴奋而满意地走出房间，对等候在门外的男孩的父亲说："我决定收下你的儿子。不用付学费，他给我带来的快乐完全抵得过我给他的好处。"

男孩从此成为艾涅斯库的学生，他努力学琴，最终学有所成。他就是后来的世界著名小提琴演奏家梅纽因。

再冷漠的人都可以被打动，比如艾涅斯库，只要你执著；再没有退路的事，都会有余地，比如让艾涅斯库听琴，只要你坚忍不拔。

锯掉经理的椅背

麦当劳之父克罗克，几十年前不过是芝加哥一家名不见经传的纸杯和乳精机械制造商，如今他已被企业界誉为没有国界的"麦当劳帝国之王"。

克罗克不喜欢坐在办公室发号施令，他把60%以上的工作时间都用于"走动管理"。通过到各公司、各部门进行实地考察，他会从中发现很多问题，然后及时加以解决。

曾经有一个阶段，麦当劳公司面临严重的财务亏损。经过调查，克罗克发现是公司各部门经理的官僚主义作风，导致了这一场危机，他们习惯于舒舒服服地躺在靠背椅上指手画脚，看不见问题的根源，把许多时间耗费在空谈和互相推诿上。

克罗克为此寝食不安，他觉得，扭转这种积弊仅靠发几个老生常谈的文告，或者板着脸进行几次训话是解决不了的。

为了彻底清除经理们的怠惰习气，克罗克想出了一个奇招：他向各地麦当劳快餐店发出一份紧急指示——把所有经理的椅子背锯掉！立即执行！

所有的人都疑惑不解，他们不知道总裁的用意何在，但面对严厉强硬的命令，经理们只好依章照办。

他们坐在没有了靠背的椅子上，觉得十分不舒服，不得不经常站起来四处走动。终于，他们慢慢悟出了克罗克的苦心，纷纷走出办公室，仿效克罗克的样子，深入基层"走动管理"。

依靠这个秘诀，麦当劳公司不仅解决了财务危机，而且终于成为全球500强企业。

有椅背依靠的经理，不能将公司带向成功；有椅背依靠的个人，不能为自己营造辉煌。因为有依靠，我们会产生不切实际的幻想，我们的意志会懈怠消沉。

锯掉生活中所有的椅背吧！直起腰，迈开双腿，你才能自立、自信、自强！

Harvard
Family Instruction

思　维

通　向　真　理　的　捷　径

Harvard
Family Instruction

HARVARD
FAMILY
INSTRUCTION

土拨鼠哪儿去了

老师给学生讲了一个故事：有三只猎狗追赶一只土拨鼠，土拨鼠钻进了一个树洞。

这个树洞只有一个出口，可不一会儿，居然从树洞里钻出一只小猪。小猪飞快地向前奔跑，并爬上另一棵大树。

小猪躲在树上，仓皇中没站稳，掉了下来，砸晕了正仰头观望的三条猎狗。终于，小猪逃脱了。

讲完后，老师问："这个故事有什么问题吗？"

学生说："小猪不会爬树；还有，一只小猪不可能同时砸晕三条猎狗。况且，小猪怎么能跑得过猎狗？"

"还有呢？"教师继续问。

直到学生再也找不出问题了，老师才说："可是还有一个问题，你们都没有提到——土拨鼠哪儿去了？"

土拨鼠哪里去了？老师的一句话，一下子将学生的思路拉到猎狗追寻的目标上——一只土拨鼠。

因为小猪的突然出现，大家的注意力不知不觉中打了岔，土拨鼠竟然在头脑中消失了。

在人生的旅程中，我们千万不要忘了时刻提醒自己：土拨鼠哪儿去了？心中的目标哪儿去了？

人一定要怀着目标前进，没有目标，就会事倍功半，碌碌无为。

让兔子奔跑

小兔子是奔跑冠军，可是不会游泳。有人认为这是小兔子的弱点，于是，小兔子的父母和老师就强制它去学游泳。

小兔子耗了大半生的时间也没学会。它不仅很疑惑，而且非常痛苦。

猫头鹰说："小兔子是为奔跑而生的，应该有一个地方让它发挥奔跑的特长。"

看来世界上还是有智者。

看看我们的四周吧！大多数公司、学校、家庭以及各种机构，都遵循一条不成文的定律：让人们努力改正弱点。

我们整个教育制度的设计，就像捕鼠器一样，完全针对人的弱点，而不是发现和激励一个人的优点与特长。

公司经理人把大部分的时间用在有缺点的人身上，旨在帮助他减少过失。

父母师长注意的是孩子成绩最差的一科，而不是最擅长的科目。

几乎所有的人都在集中力量解决问题，而不是去发现优势。

人人都有这样的想法，那就是：只要能改正一个人的缺点，他就会变得更好；只要能修正一个公司的缺点，这个公司就会更优良。可悲的是，这种推断是完全错误的。只注意改正一个人或一家公司的缺点，而不重视发挥它的优点，只能造就一个平常或平庸的人或公司。

每个人一生差不多只能做好一两件事，那么，我们就没有必要让每个人都具有做好一百件事的本领。因为这个缘故，我们最应该做的就是从一个人身上发现他能"做好一件事"的特长，然后激发这种特长，强化这种特长，如此，他便可以安身立命了。

一定要让猴子唱歌，一定要让鸭鹅举重，这不仅是残忍的，也是愚蠢的。应该有一个地方，让人们做自己最擅长的事；应该有一个地方，让小兔子跑个痛快。

怎样将犯人送往澳洲

18世纪末，英国人来到澳洲，随即宣布澳洲为它的领地。这样辽阔的大陆，怎么开发呢？当时英国没有人愿意去荒凉的澳洲。英国政府想了一个办法：把罪犯统统发配到澳洲去。

私人船主承包了大规模运送犯人的工作。为了便于计算，政府以上船的人数为依据支付船主费用。当时运送犯人的船只多是由破旧的货船改装的，设施极其简陋，没有储备药品，更没有随船医生，条件十分恶劣。

船主为了牟取暴利，上船前尽可能多装犯人，一旦船离了岸，船主按人数拿到了钱，就对这些人的死活不闻不问了。他们把生活标准降到最低，有些船主甚至故意断水断食，致使3年间从英国运到澳洲的犯人在船上的死亡率高达12%，有一艘船上的424个犯人竟然死了158个，死亡率达37%。不仅英国政府遭受了巨大的经济和人力资源损失，英国民众对此也极为不满。

于是英国政府开始想办法改善这种状况。他们在每艘船上派一名官员监督，再派一名医生负责医疗，并对犯人的生活标准做了硬性规定。但死亡率不仅没降下来，连有的监督官和医生也不明不白地死在船上。政府后来查清了原因：一些船主为了贪利而行贿官员，官员如果拒不顺从，就被扔进大海。

一些绅士提出，把船主召集起来进行教育，有的法官建议对一些人进行严厉制裁。政府试着这样做了，但情况依然没有好转，死亡率依然居高不下。

一位英国议员想到了制度问题。那些私人船主钻了制度的空子，而制度的缺陷在于政府付给船主的报酬是以上船人数来计算的！假如倒过来，政府以到澳洲上岸的人数为准计算报酬呢？政府采纳了他的建议，不论在英国装了多少人，到澳洲上岸时再清点人数，依此向船主支付运费。

难题迎刃而解。船主们积极聘请医生跟船，在船上准备药品，改善生活，尽可能让每一个犯人都健康抵达澳洲。因为在船上死掉一个人就意味着减少一份收入。

一段时间以后，英国政府又做了一个调查。自从实行以上岸计数的办法后，船上的死亡率降到了1%以下，有些运载几百人的船只，经过几个月的航行竟然没有一人死亡。

我们每天都在做着各种各样的事情，当我们做这些事情的时候，有没有想过：这样做是最好的方式吗？这样做存在什么弊端？如果换一种完全不同的做法呢？

每一个问题的解决，必定有很多种途径。有些问题采取不同方法解决，结果没有多大差别；而有的问题，解决的方法不同，结果完全不同。

方法不需要成本，找到了方法就等于找到一本万利的资源。很多时候，成功者之所以成功的最大原因，就是他们拥有了最好的方法。

花卉专家告诉我

花卉专家说："几乎所有的白花都很香，愈是颜色艳丽的花愈是缺乏芬芳。"

他的结论是：人也是一样，愈朴素单纯的人，愈有内在的美质。

花卉专家说："夜来香其实白天也很香，但是很少有人闻得到。"

他的结论是：因为白天人心浮躁，闻不到夜来香的幽幽香气。如果一个人白天的心也很沉静，就会发现夜来香、桂花、七里香即使在酷热的中午也是香的。

花卉专家说："清晨买莲花一定要挑那些盛开的。"

他的结论是：早晨是莲花开放最好的时间，如果一朵莲花早晨不开，可能中午和晚上都不开了。我们看人也是一样，一个人在年轻的时候没有作为，中年或晚年就更难有作为了。

花卉专家说："愈是昂贵的花愈容易凋谢。"

他的意思是：要珍惜青春呀，因为青春是最名贵的花，最容易失去。

花卉专家说："每一株玫瑰都有刺。"

他的结论是：正如每一个人一样，性格中都有你不能容忍的部分。爱护一朵玫瑰，并不要非得努力把它的刺根除，只要学会如何不被它的刺弄伤；同时还要学会如何不让自己的刺划伤爱你的人。

生活中无处不闪现智慧的光辉。一个想获取智慧的人，并不是非要一个名师教导不可，也无须研读高深莫测的书籍，只要留心，只要思想不蒙上过多世俗的灰尘，即使在一粒沙、一颗闪烁的星星里，都能听见智慧的声音。

弱者的力量

有一天，一只老虎在太阳下睡觉。一只小老鼠经过时碰到了它的爪子，把它惊醒了。老虎正要张嘴吃它，小老鼠哭道："哦，别吃我，请让我走吧，先生！有一天也许我会报答你的。"

老虎在心里冷笑，小小的老鼠怎么可能帮一只老虎呢？但它是一只好心肠的老虎，就把老鼠放走了。

不久以后，这只老虎被一张网罩住了。它使出全身力气，使劲挣扎，但网太结实了。于是它大声吼叫，小老鼠听到了它的吼声，就跑了过去。

"别动，亲爱的老虎，我来帮你。我会把绳子咬断的。"

老鼠用它尖锐的小牙齿咬断了网上的绳结，老虎就从网里逃脱出来了。

"上次你还耻笑我呢！"老鼠说，"你觉得我太小了，没法为你做什么事。你看，现在是一只可怜的小老鼠救了你的性命。"

在这个世界上，没有谁注定就是强者，也没有谁注定就是弱者。

认为自己是强者的人，就是强者；认为自己是弱者的人，就是弱者。

一只狗被称作猫

满脸的胡须挡住了哈特曼教授的面孔，使他看上去像一位很凶、很难接近的老师。

学期第一个专题报告发下来，只有10分的作业，竟被老师扣去了2分，小约翰心里一阵沮丧。突然，他紧盯住手中的作业，无法相信自己的眼睛。老师刚刚宣布下课，小约翰已经冲到他的面前。还没来得及开口，老师却说："我的课已经结束，有问题请与我的助手预约，明天上午我会在办公室里一对一回答你的问题。"

哈特曼教授办公室的门半开着，还未看到老师的面孔，已经听到教授说："请进来。"小约翰匆忙地推开门，哈特曼看了看墙上的钟表说："你迟到了两分钟。"

"对不起，第一次来，刚才走到另一个方向去了。"教授不耐烦地摇了摇头："难道这跟我有什么关系吗？我只在乎我们已经约定的时间。好，你今天的问题是什么？"小约翰拿出考卷，平放在老师的桌上，说："对不起，我把 Hartman 写成 Hartmen，把 a 写成 e，今后我会注意。可是，这个作业总共才只有10分，因为一个字母就被你扣去了2分。"

"还有其他的问题吗？"

"没有。"

"如果是这样，请让我第一次也是最后一次来回答这个不成问题的问题。"

哈特曼教授在书桌上一笔一画用大写字体写下了

HARTMAN，用手指在上面敲了敲："这是一个人的姓名，写错了，就好像一只狗被称呼为猫。你认为这样的问题不严重？"

"我保证不会再发生此类错误，对不起。"

"我接受你的道歉。但成绩我不会更改！我有我教课的原则。如果一个学生将一只狗叫成了猫，而我还说他是正确的，那恐怕就是最大的错误了。"

这是 20 年前的一段经历，在这漫长的 20 年中，小约翰忘记了许多旧事，但这件事却永远记得。或许正是哈特曼教授关于"一只狗叫成了猫"的训斥，使他在走向成功的路上少犯了许多错误。

"把 a 写成 e"似乎无关紧要，可是如果将"狗叫成了猫"会是什么结果呢？

人们从来认为大错是错，小错便不是错。殊不知，"千里之堤，溃于蚁穴"，有时小错恰恰会导致更惨重的败局。

我每天必须完成七十八道数学题，六十五道语言问答题，一百二十七道历史填空题。还要背诵二十五个新单词，还得练习两个小时的钢琴……我一生就必须这样生活下去吗？

蚊子叮了一口之后

保罗在楼梯间的时候，忽然觉得左耳一阵微痒。妻子非要让他去看医生。她说，人们往往因不够小心谨慎而酿成大患。

医生查看保罗的耳朵，花了大约半小时才抬起头来，说："您服用 6 粒青霉素药片，很快就可以清除您的症状。"

保罗吞下了药片。两天后，痒痒没有了，左耳像是获得了新生一般。惟一影响他愉快心情的是腹部起了一些红斑，奇痒无比简直无法忍受。

保罗马上找了一位专家。他只瞥了我一眼，就跟我说道："有些人不适合服用青霉素，因此会有过敏反应。您别担心，服用 12 粒金霉素药丸，几天之后一切就会正常了。"

金霉素取得了预期效果：斑点消失了，但也产生了意想不到的副作用，保罗的膝盖浮肿了，高烧不退。他踉跄地拖着身子去一位资深大夫那里。

"我们对这些现象并不陌生，"他安慰保罗，"它们往往与金霉素的疗效密切相关。"

他给了保罗一张 32 粒土霉素药片的药方。奇迹发生了，高烧不见了，膝盖上的浮肿也消退了。不过保罗的肾脏出现了致命的疼痛。专家被传唤至保罗的床榻旁，他断定，致命的疼痛是服用土霉素的结果，千万不能掉以轻心。肾脏毕竟是肾脏啊。

一名女护士给保罗打了 64 针链霉素，将他体内的细菌统统消灭干净。

在现代化医院的实验室里，众多检查和测试明白无误地表明，虽然在保罗的整个体内连一个活着的微生物都不复存在了，但他的肌肉和神经束也遭到了与微生物同样的命运。只有大剂量氯霉素才能挽救保罗的生命。

保罗服下了大剂量的氯霉素……

敬仰保罗的人们纷纷前来参加他的葬礼，许多游手好闲之徒也混杂其中。犹太教法师在他那惑人的悼词中，叙述了保罗与疾病英勇斗争的经过，可惜医治无效。保罗死于青春年少时，真是令人遗憾。

只是到了阴间保罗才想起，他左耳的痒痒是由一只蚊子的叮咬引起的。

有很多事我们不能把握，但我们可以判断。不能把握又缺乏判断，最后就只有任人宰割。

当我们要处理问题的时候，一定要首先搞清楚问题的根源是什么，如果事先就知道"左耳一阵微痒"只是"由一只蚊子的叮咬引起的"，悲剧就不会发生。

但现实中，常常发生类似的悲剧。

爱因斯坦的悔悟

爱因斯坦 16 岁那年，由于整日同一群调皮贪玩的孩子在一起，致使几门功课不及格。一个周末的早晨，爱因斯坦正拿着钓鱼竿准备和那群孩子一起去钓鱼，父亲拦住了他，心平气和地对他说："爱因斯坦，你整日贪玩，功课不及格，我和你的母亲很为你的前途担忧。"

"有什么可担忧的？杰克和罗伯特他们也没及格，不照样去钓鱼吗？"

"孩子，你千万不能这样想。"父亲充满关爱地望着爱因斯坦说，"在我们故乡流传着这样一个寓言，我希望你能认真地听一听。"

"有两只猫在屋顶上玩耍。一不小心，一只猫抱着另一只猫掉到了烟囱里。当两只猫从烟囱里爬出来时，一只猫的脸上沾满了黑烟，而另一只猫的脸上却干干净净。干净的猫看见满脸黑灰的猫，以为自己的脸也又脏又丑，便快步跑到河边洗了脸。而黑脸猫看见干净的猫，以为自己的脸也是干净的，就大摇大摆地到街上闲逛去了。"

"爱因斯坦，谁也不能成为你的镜子，只有自己才是自己的镜子。拿别人做自己的镜子，天才也许会照成傻瓜。"

爱因斯坦听后，羞愧地放下鱼竿，回到了自己的小屋里。

从此，爱因斯坦时常拿自己作为镜子来审视和映照自己，并不断地自我暗示：我是独一无二的，我没有必要像别人一样平庸。这就是爱因斯坦之所以成为爱因斯坦的原因。

一千个人有一千种生活方式，有一千种生活的愿望，不同的方式和愿望，就会产生不同的生活态度。你可以参照别人的态度确定自己的态度，但你永远不能照着别人那样做。

你必须看清自己，并清楚自己想追求什么。你的未来如何，不取决于别人怎样做，而是取决于你自己怎样做。

在客厅里挂一幅画

　　琼斯要在客厅里挂一幅画，就请朋友来帮忙。画已经在墙上摆好，正准备钉钉子，朋友却说："这样不好，最好先钉两块木板，把画挂在木板上面。"琼斯遵从他的意见，让他帮着去找一块木板。

　　木块很快找来了，正要钉上去，他说："等一等，木板有点大，最好能锯掉一点。"于是他们便四处找锯子。找来锯子，还没有锯两下，他说："不行，这锯子太钝了，得锉一锉。"

　　他家有一把锉刀，锉刀拿来后，他又发现锉刀没有把柄。为了给锉刀安把柄，他又去一个灌木丛里寻找小树。要砍下小树时，他发现琼斯那把生满铁锈的斧头实在不能用。他又找来磨刀石，可为了固定住磨刀石，必须制作一个固定木架。为此，他又去找一位木匠，说木匠家有现成的。

　　这一走，就再也没见他回来。当然，那幅画，琼斯还是一边一个钉子把它钉在了墙上。

　　下午再见到他的时候，是在街上，他正在帮木匠从商店里往外拖一台笨重的电锯——为了做磨刀石架，他们得将一棵大树锯开……

有好多这样的人，他们认为要做这一件事，必须得去做前一件事，要做好前一件事，又得去做更前面的一件事。他们逆流而上，寻根究底，直到把原始的目的忘得一干二净。这种人看似忙忙碌碌，一副辛苦的样子，其实，他们从来不知道自己在忙什么。

知道时间的驴子

墨西哥的一个小镇有一片广场，广场旁边有一家教堂，教堂的墙壁上有一座年代久远的大笨钟。

一天，有个美国游客来到这个小镇的广场，他忘记了带手表，恰好又没看到大笨钟，所以不知道当时是几点钟。这时，他看到一个戴大帽子、蓄八字须的墨西哥人正躺在广场边的地上睡觉，在他的身边，还站着一头驴子。

"请问现在几点了？"美国游客走过去问。

墨西哥人坐起身擦擦眼睛，将驴子的尾巴抬起来，若有所思地凝视一会儿，然后向美国游客说："现在是下午两点整。"

美国人只当墨西哥人在开玩笑，便随手打开了自己的收音机。收音机正在报时，果然是下午两点。

美国游客独自在各处转悠了很长时间后，再次走到墨西哥人跟前："请问，现在几点了？"

睡眼惺忪的墨西哥人再次坐起身，再次把看驴子的尾巴抬起来看了看，告诉他说："现在是下午 4 点半。"

经过验证，果然分秒不差。美国人大为惊奇，于是他决定把那头会报时的驴子买下来。

"麻烦您，先生，"付过驴钱的美国游客恭敬地问墨西哥人，"怎样才能让驴子告诉我准确的时间呢？"

墨西哥人懒洋洋地回答："很简单，只要你坐起身，把驴子的尾巴抬起来，从驴子屁股和尾巴之间的缝隙看过去，便能看到教堂墙壁上的大笨钟，你就知道准确时间了。"

只看见事物的表面，却不探究事物的本质，结果就会做出可笑的傻事。

不要被一头驴子遮住我们的智慧，如果你亲自掀起它的尾巴，你就知道了真相。

船长的年龄

　　有人出了这样一道数学题：一条船航行在大海上，船里有75头牛，32只羊。请问，船长的年龄是多大？

　　教育研究者分别用这个题目测试了很多学生，结果除了少数人表示无法得出结论外，大部分学生都自信地认为，船长的年龄一定是：75−32=43岁。

　　经历过无数考试的学子们，从来没有见过没有答案的题目。他们说：既然有"75头牛，32只羊"这样的已知条件，那么答案只可能是两个，要么是75−32=43，要么是75+32=107。从逻辑上推论，后者排除。

　　然而，"75头牛−32只羊＝船长的年龄"就符合逻辑吗？

　　不久，又有人出了这样一个题目考学生：一位探险家向南走了1英里，然后向东走了一段路，又向北走了1英里，结果他回到了原来的出发地，并遇上了一头熊。请问，他遇到的那头熊是什么颜色？

　　面对这道题，大多数学生束手无策。因为它既不像地理题，也不像数学题，况且，因受平面几何的深刻影响，他们认定这道题出错了：如此两次90度折转，怎么能回到原地呢？

　　然而，根据地理知识综合思考一下，就能推出正确结论：这个探险家身处的地点肯定是北极。在白雪皑皑的北极，我们见到的熊会是什么颜色？这道题不仅有答案，而且答案惟一。

　　对于生活，我们常常有意去培养一种习惯，但对思维而言，即使一种再好的思维方式，如果成了习惯，都将是灾难。

生活中并不是什么都会有答案，就像船长的年龄；并不是所有的答案都一目了然，就像熊的颜色。

习惯，让你荒谬地得出了船长的年龄，习惯又使你差点错过一头白色的北极熊！

WC 在哪里

一位英国女士去意大利旅行。她在一家小旅馆住下了，这家小旅馆属于当地的一位校长。这位女士刚登记完毕就向校长提出了一个问题——她非常关心这里"是否有WC"。因为口头交流不够通畅，她只好把这个问题写在纸上，交给了校长。

这位校长，英语不是十分精通，于是就去请教当地的牧师，问他是否知道WC的意思。他们一起研究了这个缩写字可能的各种含义，最后一致认为，这位女士想要知道的一定是：旅馆附近是否有一处路边的小教堂(Wayside Church)。于是，校长给这位女士写了一封热情洋溢的短信予以回答——

亲爱的女士：我非常荣幸地告诉您，这里的WC离本旅馆只有9英里的距离。它坐落在一片松树林中，周围有可爱的草地。它可以容纳229人，星期天和星期四开放。夏天许多人都喜欢去那里，我建议您尽量早些去。如果您不是准时到达的话，可能赶上非常不好的位子。

您也许对此有一些兴趣：我的女儿就是在那里举行的婚礼，她也是在那里认识了她的丈夫。在婚礼这个伟大时刻，每排位子上都坐了10个人，他们的脸上是那么的幸福。我的妻子，很不幸，恰巧病了，没能一同前往。她最后一次去那里已经是一年前的事了，为此她很伤心。

我愿意告诉您非常令您高兴的事情：很多人带着午餐，早早赶到那个令人神往的地方，呆上一整天。其他一些人则宁愿等到最后一分钟，然后准时赶到。我建议您星期日去，那时有风琴伴奏。那里的声音效果非常好,再纤细的声音您也能听得到。

最近那里又增加了一个铃铛,每当有人进去时,它就会响起来。我期待着亲自护送您去,并把您安排在一个显著的位置,让所有的人都能看到您的尊容。

这位优雅而漂亮的女士,看到校长的信,顿时觉得万分难堪,因为她想知道的是——哪里有厕所。

有很多好心善良的人,为了别人的一个请求,他们会竭尽全力。不过,他们也常常犯这样的错误:在还没完全弄清楚事情的原委时,就慌忙开始行动,结果,每一步来之不易的进展,都离预期的目标越来越远,最终完全偏离了方向,致使徒劳无功,有时还会闹出令人啼笑皆非的笑话。

啊,艾力克!先别碰那个球,等我把说明书看完了再来教你怎么玩。

真是的,我们小时候买了皮球就直接开始拍打,似乎没有长达47000多字的说明书。

我没有鞋他却没有脚

　　彼德认识爱波特已经几年了。有一次，爱波特告诉了彼德一个故事，令人永远不会忘记：

　　我曾经是一个对一切都不满足的人，所以整天都不快乐。但是在1934年春天，当我在威培城道菲街散步的时候，目睹了一件事，使我的一切烦恼从此消解。此事发生于10秒钟内，我在这10秒钟里所学得的东西，比从前10年还要多。

　　我在威培城开了一间杂货店，经营两年，不但把所有的积蓄都赔掉了，而且还负债累累。就在前一个星期六，我这间杂货店终于关门了。当时，我正在向银行贷款，准备回老家找工作。我走路的样子看起来像是一个毫无生气的人，因为我已经失去了信念和斗志。

　　这时，我突然瞧见一个没有腿的人迎面而来，他坐在一个木制的有轮子的木板上。他每一只手撑着一根木棒，沿街推进。我恰好在他过街之后碰见他，他正朝人行道滑去，我们的视线刚好相碰了。他微笑着，向我打了个招呼："早，先生！天气很好，不是吗？"他的声音是那样富有感染力，那样有精神，好像根本就不是一个有身体缺陷的人。

　　当我站着瞧他的时候，我感觉到我是多么富有呀！我有两条腿，我可以走。可是面对他自信的目光，我觉得自己才是一个残障者！我对自己说：既然他没有腿也能快乐高兴，我当然也可以。因为我有腿！

　　我感到心胸顿时豁然开朗。我本来只想向银行借100块钱，但是，我现在有勇气向它借200块了。我本来想到老家求人帮忙随便找一件事做，但是，现在我自信地宣布，我要到堪萨斯城获得一份好工作。最后我钱也借到了，工作也找到了。

后来，我把这次经历中的感想组织成几句话写了下来，贴在我浴室的镜子上，每天早晨刮脸的时候，我都要大声地朗读一遍：

我忧郁，因为我没有鞋。

直到在街上遇见一个人，

——他没有脚！

一位哲人用极其简洁的话道出了人类的大智慧。他说："人生的目的只有两个：第一，得到你想要的；第二，享受你得到的。"

现实生活中，只有很少的人能够做好第二点。

116

上帝没让我变成火鸡

结束了当天的教学内容，老师看了看表，还剩10分钟，于是决定在课堂上随便问几个问题，训练一下孩子们的语言表达能力。

"感恩节快到了，孩子们，你们可不可以告诉我，你们将要感谢什么呢？"老师让孩子们思考了一会儿，然后开始点名。

"琳达，你要感谢什么？"

"我的妈妈天天很早起来给我做早饭，我想，我在感恩节那天一定要感谢她。"

"嗯，不错。彼得，你呢？"

"我的爸爸今年教会了我打棒球，所以我特别想感谢他。"

"嗯，能打棒球了，很好！玛丽。"

"无论是上学还是放学，学校的守门人总是微笑地看着我们米米往往。虽然她自己很孤单，没有多少人关心她，但她却把关怀的微笑送给我们每一个孩子。我要在感恩节那天给她送一束花。"

"很好！杰克，轮到你了。"

"我们每年感恩节都要吃火鸡，大大的火鸡，肥肥的火鸡，大家见着都非常爱吃。他们只是大口大口地吃火鸡，却从不想一想火鸡是多么的可怜。感恩节那天，会有多少只火鸡被杀掉呀……"

"能不能简短一些？我觉得你跑题了，杰克。"

杰克向四周望了一眼，然后，胸有成竹地说："我要感谢上帝，感谢他没有让我变成一只火鸡。"

当人们津津有味地吃火鸡时，谁会把自己放在火鸡的位置上考虑一下呢？

欧洲人刚到美国的时候，到处找不到吃的东西，是南瓜和火鸡让他们度过了最初的艰难岁月。为了"感恩"，他们就在每年感恩节的这一天，吃很多的南瓜和火鸡。

这就是人类感恩的方式吗？

我们可以对上帝说：感谢你没有让我们变成火鸡。可是，火鸡会对上帝说什么呢？

117

穷人的富裕生活

一天，富有的父亲带着儿子从城里去乡下旅行，想让他见识一下穷人是怎么生活的。

在农场一户最穷的人家里，他们度过了一天一夜。

旅行结束后，父亲问儿子："旅行怎么样？"

"好极了！"

"这回你该知道穷人是什么样了吧？"

儿子回答："是的，我知道了。"

"你能描述一下富人和穷人的区别吗？"

儿子想了想，说："我们家里只有一条狗，可是他们家里却有4条狗；咱家仅有一个水池通向花坛的中央，可他们竟有一条望不到边的小河；夜里我们的花园里只看见几盏灯，可他们的花园上面却有千万颗星星；还有，我们的院子只能停几辆小汽车，可他们的院子却能容得下几百头奶牛！"

儿子说完，父亲哑口无言。

接着儿子又说："等我长大了，一定要过上和他们一样的富裕生活！"

孩子心中的富有和成人心中的富有是不同的，正像孩子心中的快乐和成人心中的快乐不同一样。孩子的心更接近天性，当成人只剩下生活技巧的时候，孩子给我们带来了生活的艺术。

一道受用终生的测试题

给你做一道题，　看你是不是一个有智慧的人。

这是美国一家大公司总裁招聘员工时亲自出的题目——

你开着一辆豪华轿车。

在一个暴风雨的晚上。

经过一个车站。

有三个人正在焦急地等待公共汽车的到来。

一个是快要病死的老人，生命危在旦夕。

一个是医生，他曾救过你的命，是你的恩人，你做梦都想报答他。

还有一个是你一见倾心的异性，如果错过了，你一辈子都会后悔。

但你的车只能坐一个人。

你会如何选择？请解释一下你的理由。

别人会怎样选择？你可以猜一猜。

你可以做出自己的决定，没有人会责备你。不过，当你做出一个决定后，自省一下：我这样做是最好的吗？

老人快要死了，应该首先救他。

然而，每个老人最后都只能把死作为人生的终点，他们怎么也逃不过死亡的追赶。

先让那个医生上车吧，因为他救过你，这应该是个报答他的好机会。

不过也可以在将来某个时候去报答他，也许他会有更需要报答的时候。

应该先把一见钟情的异性带走，否则会终身遗憾。

也许今天是上帝安排的机遇……

在 200 个应聘者中，只有一个人的答案符合总裁的要求，他被雇佣了。

他并没有解释自己的理由，他只是说了以下的话：

"把车钥匙给医生，让他带着老人去医院，我留下来陪伴一见钟情的人等候公共汽车！"

这个回答是最好的，事先为什么没有一个人想到？

其实，回答正确的人并不一定比其他人聪明，不同的是，在整个的决策过程中，惟有他舍弃了一样东西——一辆豪华轿车。

有时，只要我们舍得丢弃一点东西，世界马上就变得明朗开阔了，人生的格局立刻发生戏剧性的转变。

Harvard Family Instruction

心　理

抚模意念的手指

HARVARD
FAMILY
INSTRUCTION

猫为什么喜欢阳光

斐塞司博士有一天午饭后坐在门前晒太阳，看见一只猫在阳光下安详地打着盹，很是悠闲。

时间一分一分地流走，每隔一段时间，猫都会随着阳光的转移而不停地变换睡觉的场地。这一切在我们看来是那样的司空见惯，可是却唤起了斐塞司博士的好奇。

猫为什么喜欢呆在阳光下呢？

猫喜欢呆在阳光下，那么这说明光和热对它一定是有益的。那对人呢？对人是不是也同样有益？这个想法在斐塞司的脑子里闪了一下？

这个一闪而过的想法，成为闻名世界的"日光疗法"的触发点。之后不久，日光疗法便在世界上诞生了。斐塞司博士因此获得了诺贝尔医学奖。

如果我们家的院里也有这么一只睡懒觉的猫，我们也看到它一次次地趋近阳光，我们是不是能像斐塞司博士那样去想问题呢？

1910年，德国科学家魏格纳因病卧床休息。在闲得无聊的时间里，他茫然地看着墙上悬挂的一张世界地图。一天，他突然发现，大西洋两岸的地形好像是互动的，南美大陆东部亚马逊河流域地区突出的部分，与非洲大陆西海岸的刚果、几内亚陷入的部分正好对应，可以把它们完全拼合在一起。

这个发现让魏格纳兴奋不已，这两个大陆是不是原先就是连在一起的？如果是的话，那又是什么原因使它们分开了？

魏格纳立即着手收集大量的地质学、古生物学资料，终于推出了一个崭新的理论：大陆板块漂移说。

为什么每天都有许多人在看世界地图，而只有魏格纳得出了大陆板块漂移说？有些人几乎天天见到猫晒太阳，可为什么只有斐塞司一人发现了日光疗法呢？道理很简单，在很多时候，天才和普通人想问题的方式没什么区别，只是他们往往会多想一步，让思维拐个弯。

123

你遭遇过 1849 次拒绝吗

美国，一位穷困潦倒的年轻人，即使身上全部的钱加起来都不够买一件像样西服的时候，仍全心全意地坚持着自己心中的梦想。他想做演员，拍电影，当明星。

当时，好莱坞有 500 家电影公司，他根据自己划定的路线与排列好的名单顺序，带着自己写好的、量身订做的剧本前去一一拜访。但第一遍下来，所有的 500 家电影公司没有一家愿意聘用他。

面对百分之百的拒绝，这位年轻人没有灰心，从最后一家被拒绝的电影公司出来之后，他又回去从第一家开始，继续他的第二轮拜访与自我推荐。

在第二轮拜访中，他仍然遭到了 500 次拒绝。

第三轮的拜访结果仍与第二轮相同。这位年轻人咬牙开始他的第四次行动。当他拜访完第 349 家后，第 350 家电影公司的老板破开荒地答应让他留下剧本先看一看。

几天后，年轻人获得通知，请他前去详细商谈。

就在这次商谈中，这家公司决定投资开拍这部电影，并请这位年轻人担任男主角。

这部电影名叫《洛奇》。这位年轻人叫席维斯·史泰龙。

翻开任何一部电影史，这部叫《洛奇》的电影与这个日后红遍全世界的巨星都榜上有名。

你有勇气迎接 1849 次拒绝吗？你经历过 1849 次拒绝吗？如果没有，就不要说：好运为何不在我身上降临？

高斯的正 17 边形

　　1796 年的一天，德国哥廷根大学，一个很有数学天赋的 19 岁青年吃完晚饭，开始做导师单独布置给他的每天例行的三道数学题。

　　前两道题在两个小时内就顺利完成了。第三道题写在另一张小纸条上：要求只用圆规和一把没有刻度的直尺，画出一个正 17 边形。

　　他感到非常吃力。时间一分　秒地过去了，第三道题竟毫无进展。这位青年绞尽脑汁，但他发现，自己学过的所有数学知识似乎对解开这道题都没有任何帮助。

　　困难反而激起了他的斗志：我一定要把它做出来！他拿起圆规和直尺，他一边思索一边在纸上画着，尝试着用一些超常规的思路去寻求答案。

　　当窗口露出曙光时，青年长舒了一口气，他终于完成了这道难题。

　　见到导师时，青年有些内疚和自责。他对导师说："您给我布置的第三道题，我竟然做了整整一个通宵，我辜负了您对我的栽培……"

　　导师接过学生的作业一看，当即惊呆了。他用颤抖的声音对青年说："这是你自己做出来的吗？"青年有些疑惑地看着导师，回答道："是我做的。但是，我花了整整一个通宵。"

　　导师请他坐下，取出圆规和直尺，在书桌上铺开纸，让他当着自己的面再做出一个正 17 边形。

青年很快做出了一个正 17 边形。导师激动地对他说："你知不知道？你解开了一桩有两千多年历史的数学悬案！阿基米德没有解决，牛顿也没有解决，你竟然一个晚上就解出来了。你是一个真正的天才！"

原来，导师也一直想解开这道难题。那天，他是因为失误，才将写有这道题目的纸条交给了学生。

每当这位青年回忆起这一幕时，总是说："如果有人告诉我，这是一道有两千多年历史的数学难题，我可能永远也没有信心将它解出来。"

这位青年就是数学王子高斯。

有些事情，在不清楚它到底有多难时，我们往往能够做得更好！

由此看来，真正的困难并不是困难本身，而是我们对困难的畏惧。

青春不是年华

日本许多商界要人，都喜爱一篇短短的散文，散文的题目叫《青春》，作者塞缪尔·厄尔曼。

此人1840年生于德国，儿时随家人移居美利坚，参加过南北战争，之后定居伯明翰，经营五金杂货，年逾70开始写作。

《青春》一文，仅寥寥400字：

青春不是年华，而是心境；青春不是桃面、丹唇、柔膝，而是深沉的意志、恢宏的想像、炽热的感情；青春是生命的深泉涌流。

青春气贯长虹，勇锐盖过怯弱，进取压倒苟安。如此锐气，二十后生有之，六旬男子则更多见。年岁有加，并非垂老；理想丢弃，方堕暮年。

岁月悠悠，衰微只及肌肤；热忱抛却，颓唐必致灵魂。忧烦、惶恐、丧失自信，定使心灵扭曲，意气如灰。

无论年届花甲，抑或二八芳龄，心中皆有生命之欢乐，奇迹之诱惑，孩童般天真久盛不衰。

人的心灵应如浩淼瀚海，只有不断接纳美好、希望、欢乐、勇气和力量的百川，才能青春永驻、风华长存。

一旦心海枯竭，锐气便被冰雪覆盖，玩世不恭、自暴自弃油然而生，即便年方二十，实已垂垂老矣；然则只要虚怀若谷，让喜悦、达观、仁爱充盈其间，你就有望在八十高龄告别尘寰时仍觉年轻。

此文一出，不胫而走，以至代代相传。二战期间，麦克阿瑟与日军角逐于太平洋时，将此文镶于镜框，摆在写字台上，以资自勉。

日本战败，此文由东京美军总部传出，有人将它灌成录音带，广为销售；甚至有人把它揣在衣兜里，随时研读。

多年后，厄尔曼之孙、美国电影发行协会主席乔纳斯·罗森菲尔德访问日本，席间谈及《青春》一文，一位与宴者随手掏出《青春》，恭敬地说："乃翁文章，鄙人总不离身。"主客皆万分感动。

1988年，日本数百名流聚会东京、大阪，纪念厄尔曼的这篇文章。松下电器公司元老松下幸之助感慨的说："20年来，《青春》与我朝夕相伴，它是我的座右铭。"欧洲一位政界名宿也极力推荐："无论男女老幼，要想活得风光，就得拜读《青春》。"

厄尔曼并非哲人，名不见经传，但《青春》一文，却拨动了不少人的心弦，使人如听晨钟，如闻暮鼓，朝夕自警自策。只因为它真正说出了关于青春的秘密。

黄金的距离

　　有一则故事曾在世界各地的淘金者中广为传诵。这个故事有着一个极其动听的名字，叫做"黄金距离三英寸"。

　　几十年前，家住马里兰州的达比和他叔叔一起到遥远的美国西部去淘金，他们手握鹤嘴镐和铁锹不停地挖掘，几个星期后，终于惊喜地发现了金灿灿的矿石。于是，他们悄悄将矿井掩盖起来，回到家乡的威廉堡，筹集大笔资金购买采矿设备。

　　不久，淘金的事业便如火如荼地开始了。当采掘的首批矿石运往冶炼厂时，专家们断定，他们遇到的可能是美国西部罗拉地区藏量最大的金矿之一。达比仅仅只用了几车矿石，便很快将所有的投资全部收回。

　　让达比万万没有料到的是，正当他们的希望在不断膨胀的时候，奇怪的事发生了：金矿的矿脉突然消失！尽管他们继续拼命地钻探，试图重新找到金矿石，但一切终归徒劳，好像上帝有意要和达比开一个巨大的玩笑，让他的美梦成为泡影。万般无奈之际，他们不得不忍痛放弃了几乎要使他们成为新一代富豪的矿井。

　　接着，他们将全套机器设备卖给了当地一个收购废旧品的商人，带着满腹遗憾回到了家乡威廉堡。

　　就在他们刚刚离开后的几天里，收废品的商人突发奇想，决计去那口废弃的矿井碰碰运气，为此，他还专门请来一名采矿工程师。只做了一番简单的测算，工程师便指出，前一轮工程失败的原因，是由于业主不熟悉金矿的断层线。考察结果表明，更大的矿脉距离达比停止钻探的地方只有三英寸！

　　故事的结果是，达比终其一生只是一名收入仅够养家的小农场主，而这位从事废品收购的小商人，终于成为西部巨富。

达比虽然付出了最大的努力，但他获取的却是罗拉地区最大金矿的一个小小支脉；收废品的商人虽然只花费了很小的代价，却通过一口废弃的矿井而成功地拥有了最大金矿的全部。

　　前者是一种命运，后者也是一种命运。这两种截然不同的命运背后，原本暗藏着一次完全相同的机遇。不同的是，面对"失败"和"不可能"，一个轻易放弃了，而另一个却敢于去尝试一次。

　　记住这个教训：黄金距离三英寸。世上的很多"不可能"都是一种考验人的表象，只有大胆的"尝试"可以改变它。

贝纳德夫人，我不认为你这样做是明智之举。应该让孩子自己击球，你要相信他有能力这样做。如果什么事都由父母代替，他什么时候能够自己成长？

你的意念能跳多高

布勃卡是举世闻名的奥运会撑杆跳冠军，享有"撑杆跳沙皇"的美誉。他曾35次创造撑杆跳世界纪录，所保持的两项世界纪录，迄今无人打破。

在参加"国家勋章"的授勋典礼上，记者们纷纷提问："你成功的秘诀是什么？"

布勃卡微笑着说："很简单，每次撑杆跳之前，我先让自己的意念'跳'过横杆。"

作为一名撑杆跳选手，有一段日子，尽管布勃卡不断尝试新的高度，但每次都以失败告终。他苦恼过、沮丧过，甚至怀疑过自己的潜力。

有一天，他来到训练场，禁不住摇头对教练说："我实在跳不过去。"

教练平静地问："你是怎么想的？"

布勃卡如实回答："只要踏上起跳线，一看清那根高悬的横杆，心里就害怕。"

教练看着他，突然厉声喝道："布勃卡，你现在要做的就是闭上眼睛，先让你的意念从标杆上'跳'过去。"

教练的训斥，让布勃卡如梦初醒。遵从教练的吩咐，他重新撑杆。这一次，他顺利地跃身而过。

教练欣慰地笑了，语重心长地说："记住，先将你的意念从标杆上'跳'过去，你的身体就一定会跟着过去。"

突破心灵障碍，才能超越自己。如果你的意念屈服了，那么你可能真的就不行。

著名的钢铁大王卡耐基经常提醒自己的一句箴言是：我想赢，我一定能赢。结果他真的赢了。

131

拿破仑最后的失败

拿破仑一生转战南北，心机算尽，用许多常人料想不到的方法，征服了一个个国家。但是他怎么也没有想到，最后竟然死在了常规思维上。如果他用作战的方法思考一下象棋解除寂寞之外的用意，很可能就会发现象棋中巨大的秘密。

也许我们的推断根本就是错误的。拿破仑的失败并不在于他没有使用超常的思维来对待这副象棋，其实，他失败的根本原因是——他根本没想到能逃跑！如果他想到了，即使没有这副象棋，心计万千的拿破仑同样可以有别的办法。

滑铁卢战役是拿破仑一生最后的失败吗？

不是。拿破仑的最后失败是败在一枚棋子上。

滑铁卢失败后，拿破仑被终身流放到圣赫勒拿岛。他在岛上过着十分艰苦而无聊的生活。一位密友听说此事，通过秘密方式赠给拿破仑一件珍贵的礼物———一副象棋。

这是一副用象牙和软玉制成的国际象棋，拿破仑对它爱不释手。在非常寂寞时，他就一个人默默地下棋，借以打发时光，直到死去。

拿破仑死后，那副象棋被多次以高价转手拍卖。

在一次偶然的机会中人们发现，这副象棋中一枚棋子的底部可以打开。当它被打开后，一个惊人的秘密被发现了：棋子里藏有一张手绘的地图，上面详细标注着如何从圣赫勒拿岛逃出的路径。

可惜的是，拿破仑自始至终都没有想到过逃跑，所以也没有领悟到朋友的良苦用心，也就没有在玩乐中发现这一奥秘。

这恐怕是拿破仑一生中最大的失败。

永远都坐前排

　　20世纪30年代，在英国一个不出名的小城里，有一个叫玛格丽特的小姑娘。玛格丽特自小就受到严格的家庭教育，父亲经常向她灌输这样的观点：无论做什么事情都要力争一流，永远走在别人前面，而不落后于人，"即使在坐公共汽车时，你也要永远坐在前排"。父亲从来不允许她说"我不能"或者"太困难"之类的话。

　　对年幼的孩子来说，父亲的要求可能太高了，但他的教育在以后的年月里证明是非常宝贵的。正是因为从小就受到父亲的"残酷"教育，才培养了玛格丽特积极向上的决心和信心。无论是学习、生活或工作，她时时牢记父亲的教导，总是抱着一往无前的精神和必胜的信念，克服一切困难，做好每一件事情。

　　玛格丽特上大学时，考试科目中的拉丁文课程要求五年学完，可她凭着自己顽强的毅力，在一年内全部完成了。其实，玛格丽特不光是学业出类拔萃，在体育、音乐、演讲及其他活动方面也都是名列前茅。当年她所在学校的校长评价她说："玛格丽特无疑是我们建校以来最优秀的学生之一，她总是雄心勃勃，每件事情都做得很出色。"

　　正因为如此，40多年以后，英国乃至整个欧洲政坛上才出现了一颗耀眼的明星，她就是连续四次当选为英国保守党领袖，并于1979年成为英国第一位女首相，雄踞政坛长达11年之久，被世界媒体誉为"铁娘子"的玛格丽特·撒切尔夫人。

　　"永远都坐前排"是一种积极的人生态度。在这个世界上，想坐前排的人并不少，而真正能够坐在前排的人却总是不多。许多人之所以不能坐到"前排"，因为他们根本就不敢"坐在前排"。

　　一位哲人说过：无论做什么事情，你的态度决定你的高度。"永远坐前排"，不仅可以激发追求成功的愿望，更重要的是，它还可以培养一个人追求成功的信心和勇气。

133

一把旧提琴

在纽约的一场旧物拍卖会上，拍卖师最后拿起了一把小提琴——那是一把看起来很破旧、外形磨损得非常厉害的小提琴。

他拨了一下琴弦，发现它已经严重走调。他无奈地看着琴，皱着眉头开始出价。

10美元，没人接手；5美元，还是没有反应；3美元，台下仍然鸦雀无声，结果一路降到了0.5美元。

他高声喊道："0.5美元！0.5美元卖啦！"

这时，一位头发花白的老人走上台，他想看看这把琴。他拿出一张绢纸，细心把琴上的污痕和灰尘擦去，然后一丝不苟地给每一根弦调音。

一切停当之后，他将这把破旧的小提琴轻轻放在肩上，站到台中央开始演奏。

美妙的旋律从这把破旧的小提琴上流淌出来，所有的人顿时全神贯注——这是他们有生以来听过的最美的音乐。

拍卖师再次出价。结果这把几乎要被扔掉的小提琴，身价从0.5美元一直攀升到6000美元。

世间没有无用之物。没有用的原因，是我们还没有发现它的用途。因为这样，我们错过了很多珍宝。

人也是一件器物，你必须自己把自己擦亮，自己把自己的弦音调准，否则，你将会被平庸的世界淹没。

冠军的愤怒

1965 年 9 月 7 日，世界台球冠军争夺赛在美国纽约举行。路易斯·弗克斯的得分一路遥遥领先，只要再得几分便可稳拿冠军了。

就在最后一场决赛开始不久，他发现一只苍蝇落在主球上，于是挥杆将苍蝇赶走了。可是，当他俯身准备击球的时候，那只苍蝇又飞了回来。在观众的笑声中，他再一次扬起手赶走了苍蝇。

他的情绪已经被这只讨厌的小动物破坏了，而且更为糟糕的是，它好像是有意跟他作对，等他一回到球台，苍蝇就又飞落到主球上，引得周围的观众哈哈大笑。

路易斯·弗克斯的心境恶劣到了极点，终于失去理智，愤怒地用球杆去击打苍蝇。不幸球杆碰动了主球，裁判判他击球，因此他失去了一轮机会。

路易斯·弗克斯方寸大乱，接着连连失利，而他的对手约翰·迪瑞则愈战愈勇，一步步赶上并超过了他，最后夺走了冠军金牌。

第二天清早，人们在河里发现了路易斯·弗克斯的尸体，他因无法接受这样的结果而投河自杀了！

一只小小的苍蝇，竟然击倒了所向无敌的世界冠军！这是一件不该发生的事情。其实，路易斯·弗克斯完全可以采取另一种做法，那就是：击自己的球，不要理睬苍蝇。当主球飞速奔向既定目标的时候，那只苍蝇还站得住吗？

135

老虎自恃是森林之王，有一天觅食时遇到了一只飞来飞去的牛虻，老虎生气地喝道："不要在我眼皮下打扰我，否则我就吃掉你！"

"嘻嘻，只要你够得着就来吃呀。"牛虻一面嘲笑老虎，一面飞到老虎鼻子上吸血。老虎用爪子来抓，牛虻又飞到虎背上钻进虎皮中吸血。老虎恼怒地用钢鞭一样的尾巴驱赶牛虻，但牛虻不断地转移位置，不停地狠狠叮咬。老虎躺在地上打滚妄图压死牛虻，牛虻立刻飞走了。但没过一会儿，它又回到老虎的鼻尖上。

就这样，一只老虎在和牛虻的搏斗中，活活累死了。

老虎其实没有必要去在乎一只牛虻，它的烦恼和灾难不是因为牛虻，而是因为它自己。

在我们通往人生目的地的路途中，一定有很多影响我们的"苍蝇"和"牛虻"。记住自己要做什么，不要在乎这些身外的干扰，如此我们才不至于因小而失大。

烈马和女孩

一天早晨，当泰姆波拉计划骑马出行的时候，雇工马赫告诉她这样一个消息："它太倔强了，泰姆波拉夫人。我花了一个小时去费劲地抓那匹撒野的马，可还是没有成功。"

正在这个时候，泰姆波拉夫人12岁的小女儿出来了，她叫詹妮。小詹妮活泼可爱，长着棕色的头发，连眼睛也是棕色的。听到母亲和雇工的对话，詹妮说："妈妈，你就放心吧，我可以让那匹马听你的话。"

但是，那个雇工用了那么长的时间也没有驯服那匹马，他甚至声称那匹马根本就无法驯服。泰姆波拉夫人疑惑地看着詹妮，担心她会做什么傻事。

詹妮微笑着说："马赫肯定是不能驯服它的，但是我能。"

"我的孩子，你可要小心些，他们说那匹马发起怒来就像一头野兽。不要在它身上花太多的时间，否则就耽误你去学校上课了。"泰姆波拉夫人警告詹妮。

"不会的，妈妈，我会让它像一个听话的小狗一样自己来到你的身边。"詹妮一边快乐地说着，一边戴上她的大草帽，然后就独自去了马场。

一匹小马听到詹妮衣裙的沙沙声，便竖起了耳朵，它用鼻子嗅了嗅，那甜甜的味道正是小女孩儿身上的味道。它挺直了头，打着响鼻迎接小姑娘的到来。

"派林！噢，派林！"詹妮一边摸着小马的头，一边大声朝远处呼叫着她要找的那匹马的名字。这匹漂亮的马听到她的呼唤，

137

立刻就把头转了过来。当它看到小詹妮的时候，快步跑到篱笆边，低下头亲热地蹭着小姑娘的肩膀。

马赫对它那么粗暴，它才不会听那个人的话呢！它能明白，眼前的这个小女孩儿曾经用她那柔软的小手抚摸过它，现在它要用爱来回赠这个小女孩。

派林跟着詹妮来到泰姆波拉夫人跟前，它低着头乖乖地等待着夫人下达出发的命令。

人对动物的认识，并不一定比动物对人的认识更多。动物知道谁爱它，谁不爱它，而很多人却不知道动物的这种心事。

不要以为人类比动物聪明，这种狭隘的观念，让我们变得比一些动物更残忍，比一些动物更愚昧。

你这样一打扮倒真的有点儿像个医生。那你将来就去当医生吧！你知道我的人生理想是什么吗？告诉你，我将来要进入内阁——当卫生部长！到时候，你愿意做我的业务助手吗？

瓦伦达心态

心理学上有一种"瓦伦达心态"。这个理论，来源于一个真实的故事。

瓦伦达是美国著名的高空钢索表演者，在一次重大的表演中，不幸失足身亡。

他的妻子事后说，我知道这一次一定要出事，因为他上场前总是不停地说："这次太重要了，不能失败，绝不能失败。"

而以往他却不是这样。每次表演之前，他只想着"走钢索"，并专心为此做准备，根本不去管其他的事情，更不会为"成功"或"失败"而担心。

后来，人们就把专心致志于做某事，而不去管这件事的意义和结果，不患得患失的心态，叫做"瓦伦达心态"。

美国斯坦福大学的一项研究也表明，人大脑里的某一图像会像实际情况那样刺激人的神经系统。比如，当一个高尔夫球手击球前一再告诉自己"不要把球打进水里"时，他的大脑里往往就会出现"球掉进水里"的情景。这一情景会指挥他的行动，结果事情不是向他希望的那样发展，而是向他害怕的方向发展——这时候，球大多都会掉进水里。

这项研究从另一个方面证实了瓦伦达心态。

当你已经开始做一件事的时候，就不要再考虑与做这件事无关的问题，不要让功利心和由此引出的担忧干扰你的行动。

专心去做那件事的时候，就不会再考虑成功或者失败。没有了成败的忧虑，人就自然变得轻松自如。

害怕失败就是最大的失败。

真正的财富不会被查封

　　1929 年，纽约股市崩盘，华尔街一家公司的总裁沃尔夫失魂落魄地回到家。

　　"你怎么了？亲爱的！"妻子笑容满面地问道。

　　"完了！我被法院宣告破产了，家里所有的财产明天就要被查封。"说完他伤心地哭了。

　　妻子想了想，然后柔声问道："你的身体也被查封了吗？"

　　"没有。"他不解地抬起头。

　　"那么，我也被查封了吗？"

　　"没有！"他擦了一把眼泪，无助地望了妻子一眼。

　　"那孩子们呢？"

　　"他们还小，跟这没有关系！"

　　"既然如此，你怎能说家里所有的财产都要被查封了呢？你还有一个支持你的妻子，有一群充满希望的孩子，而且你有丰富的经验，还有上天赐予你的健康身体和智慧头脑。这是多少钱也换不来的财富啊。"

　　沃尔夫重整旗鼓，三年后，他的公司东山再起——因为妻子的几句话，本来准备自杀的沃尔夫，再度成为美国《财富》榜上的知名人物。

　　智者不为自己没有的悲伤而活，却为自己拥有的欢喜而活。

　　珍爱你所有的一切，不要为你没有的或失去的部分伤感。这样你会发现，原来失去的只是很少，而拥有的却还很多。

　　真正的财富永远不会被查封！

让心灵先到达那个地方

　　美国西部的一个乡村，有一位清贫的农家少年。每当闲暇的时间，他总要拿出祖父在他8岁那年送他的生日礼物——一幅已被摩挲得卷边的世界地图。他年轻的目光一遍遍浏览着地图上标注的城市，飘逸的思绪亦随之纵横驰骋，渴望抵达的翅膀，在幻想的风景中自由翱翔……

　　15岁那年，这位少年写下了他气势不凡的计划——《一生的志愿》：

　　"要到尼罗河、亚马逊河和刚果河探险；要登上珠穆朗玛峰、乞力马扎罗山和麦金利峰；驾驭大象、骆驼、鸵鸟和野马；探访马可·波罗和亚力山大一世走过的道路；主演一部《人猿泰山》那样的电影；驾驶飞行器起飞降落；读完莎士比亚、柏拉图和亚里士多德的著作；谱一部乐曲；写一本书；拥有一项发明专利；给非洲的孩子筹集100万美元捐款……"

　　他洋洋洒洒地一口气列举了127项人生的宏伟志愿，不要说实现它们，就是看一看，就足够让人望而生畏了。难怪许多人看过他设定的这些远大目标后，都一笑置之。所有人都认为：那不过是一个孩子天真的梦想而已，随着时光的流逝，很快就会烟消云散。

　　然而，少年的心却被他那庞大的《一生的志愿》鼓荡得风帆劲起，他的脑海里一次次地浮现出自己漂流在尼罗河上的情景，梦中一次次闪现出他登上乞力马扎罗山顶峰的豪迈，甚至在放牧归来的路上，他也会沉浸在与那些著名人物交流的遐想之中……没错，他的全部心思都已被自己《一生的志愿》紧紧地牵引着，并让他从此开始了将梦想转变为现实的漫漫征程。

毫无疑问，那是一场壮丽的人生跋涉，也是一场异常艰难、简直无法想像的生命之旅。他一路豪情壮志，一路风霜雪雨，硬是把一个个近乎空想的夙愿，变成了一个个活生生的现实，他也因此一次次地品味到了搏击与成功的喜悦。44 年后，他终于实现了《一生的志愿》中的 106 个愿望。

他就是上个世纪著名的探险家约翰·戈达德。

当有人惊讶地追问他，是凭借着怎样的力量，把那么多的艰辛都踩在了脚下，把那么多的险境都变成了登攀的基石？他微笑着如此回答："我总是让心灵先到达那个地方，随后，周身就有了一股神奇的力量。接下来，就只需沿着心灵的召唤前进。"

"让心灵先到达那个地方"。约翰·戈达德道出了一个令人深思的哲理——在人生的旅途上，能够最终领略美妙风景的，必然是那些强烈渴望登临并为之不懈跋涉的追求者。

是心灵的渴望，开阔了求索的视野；是心灵的飞翔，催动了奋进的脚步；是心灵的富有，孕育了生命的奇迹……一句话，欲创造人生的辉煌，需首先让心灵辉煌起来。

让我们记住一位并不著名的诗人的著名诗句——"在目光无法抵达的远方，我们拥有心灵"。

当你微笑的时候

　　威廉·史坦哈已经结婚18年了，在这漫长的岁月里，每天从早晨起来，到晚上睡觉，他很少对自己的太太微笑，甚至连说几句开心的话也没有过。同样，太太也很少对他微笑，也不和他说多余的话。

　　史坦哈觉得，自己是百老汇最郁闷的人。

　　后来，史坦哈参加了一个继续教育培训班。结业的时候，老师给每个学员布置了一份作业，老师要求史坦哈以"微笑的经验"为题发表一段演讲。他决定先亲自体验一个星期。

　　现在，史坦哈要去上班的时候，就对太太微笑着说："再见，祝你今天过得快乐！"路上，他对地铁检票小姐微笑着说："谢谢！"到了上班地点，他对大楼的电梯管理员微笑着说："早安，玛瑞拉小姐。"他还试着以微笑的面孔跟大楼门口的警卫打招呼。当他站在交易所时，他对那些以前从没见过自己微笑的人灿然微笑。

　　史坦哈很快就发现，每一个人也对他报以微笑。他以一种愉悦的态度，以开朗真诚的微笑对待那些满腹牢骚的人，他一面听着别人的抱怨，一面微笑着，于是问题就容易解决了。

　　史坦哈发现，微笑给自己带来了更多的收入，每天还带来了更多的快乐。

　　史坦哈跟另一位经纪人合用一间办公室，对方是一个很讨人喜欢的年轻人。史坦哈告诉那个年轻人自己最近在微笑方面的体会和收获，那位年轻人听了点着头承认说："当我最初跟您共用办公室的时候，我认为您是一个非常枯燥乏味的人。直到最近，我才改变看法——当你微笑的时候，你的脸上充满了幽默和活力。"

你的笑容就是你善意的信使，你的笑容能照亮所有看到它的人。对那些整天都只看到紧皱眉头、愁容满面、熟视无睹的人来说，你的笑容就像穿过乌云的太阳，尤其对那些受到上司、客户、老师、父母或子女的指责或疏忽而压抑不快的人来说，一个笑容足以帮助他们度过痛苦和挫败的难关，让他们在绝望中看见希望。

毫无疑问，威廉·史坦哈的演讲受到了热烈的好评，他衷心地感谢老师，因为他的指点，使他的人生发生了改变。

对你看到的一切——微笑！当你微笑的时候，世界就开始微笑；当你微笑的时候，命运也开始微笑。

Harvard Family Instruction

智　慧

呈现意志的张力

Harvard Family Instruction

HARVARD
FAMILY
INSTRUCTION

改变花瓶的颜色

在巴黎，一位贵妇人的家中保存了一只祖传的珍稀花瓶。她非常钟爱这只花瓶，每天都要端详很多次。

有一天，她想把卧室重新粉刷一次，为了协调，她决定让墙面采用花瓶的颜色。

贵妇人找了好几个油漆匠，全都因为无法调出与花瓶完全相配的色调被辞退。贵妇人对此也感到非常气馁。

最后，又来了一名油漆匠，他愿意尝试一下。

经过一番努力，他把卧室粉刷得和花瓶的颜色丝毫不差。贵妇人非常满意，付给了他一大笔工钱。

不久，这名油漆匠就远近闻名了。

几年后，这个油漆匠准备退休，他决定把手艺传给儿子。

"爸爸，"有一天儿子问他，"有件事我很想知道，当年你是怎样把贵妇人的卧室刷得和花瓶的颜色完全一致呢？"

父亲看看儿子，然后慈祥地说："孩子，这个非常简单，我只是稍稍改变了一下花瓶的颜色。"

　　让墙的颜色与花瓶的颜色一样，或者让花瓶的颜色与墙的颜色一样，对那个贵妇人来说，其实没有什么区别。
　　如果我们不能让天空变小，我们不妨让我们的心灵变大。

快乐的种子

上帝把一捧快乐的种子交给幸福之神，让她到人间去撒播。

临行之前，上帝仍不放心地问："你准备把它们撒在什么地方呢？"

幸福之神胸有成竹地回答说："我已经想好了，我准备把这些种子放在最深的海底，让那些寻找快乐的人，经过大海惊涛骇浪的考验后，才能找到它。"

上帝听了，微笑着摇了摇头。

幸福之神思考了一会儿，继续说："那我就把它们藏在高山之上吧，让寻找快乐的人，通过艰难跋涉才能发现它的存在。"

上帝听了之后，还是摇了摇头。

幸福之神茫然无措了。

上帝意味深长地说："你选择的这两个地方都不难找到。你应该把快乐的种子撒在每个人的心底。因为，人类最难到达的地方，就是他们自己的心灵。"

每个人都希望得到快乐，然而我们在寻找快乐时，往往看不见藏在自己心底的那粒种子，因为，我们的心里充塞了太多的忧虑、欲望、抱怨和仇恨。

只要我们时时不忘撒进希望的阳光和真诚的雨露，那一粒藏在我们心中的快乐种子，即使我们没有看见，它也会自己生根发芽。

致命的珠宝

商人狄利斯和他的儿子一起出海远行，他们随身带了满满一箱子珠宝。

一天，狄利斯偶然听到水手们交头接耳。原来，他们发现了他的珠宝，并且正在策划着谋害他们父子。

狄利斯吓得要命，他在船舱内踱来踱去，试图想出一个摆脱险境的办法。儿子问他出了什么事情，狄利斯就把自己听到的全部告诉了他。

"同他们拼了！"儿子说道。

"不！"狄利斯回答说，"他们会制服我们的！"

"那就把珠宝交给他们？"

"也不行，他们还会杀人灭口。"

过了一会儿，狄利斯突然怒气冲冲地奔上甲板："你这个混蛋！"他冲着儿子叫喊道，"你从来不听我的忠告！"

"你疯了，老头子！我怎么惹你啦？"儿子不解地回应，"你到底为什么暴跳如雷？"

当父子俩开始互相谩骂的时候，水手们好奇地聚集到周围。老人愤怒地冲向船舱，拖出了他的珠宝箱。

"忘恩负义的家伙！"狄利斯尖叫道，"我宁愿死于贫困，也不会让你继承我的财富！"说完这些话，他打开了珠宝箱。

水手们看到这么多的珠宝都倒吸了一口凉气。在大家猝不及防的时候，狄利斯一个健步跨向栏杆，将箱子里的宝物全部倒入了大海。

父子俩瘫倒在甲板上，目不转睛地注视着那只空箱子，为他们所干的事而哭泣不止。众人一边惋惜，一边规劝他们和好，然后都依依散去。

当父子俩先后回到船舱时，父亲对儿子说："我们只能这样做，孩子，再也没有其他办法救我们了！"

"是的，"儿子欣慰地答道，"您这个法子是最好的。"

轮船驶进码头后，狄利斯同他的儿子匆匆忙忙赶去见地方法官，他们控告水手们犯了企图谋杀罪。法官通过调查，逮捕了与此事有关的水手。结果狄利斯的全部损失都得到了赔偿。

如果你要想得到或者留住一些东西，你首先必须放弃一些东西。

有时候，命运会迫使你必须放弃才可以得到或留住。

如果你不想"舍弃"这一些，你会连其他的一些一同失去。所以，为了生命，将珠宝倒进大海，就是惟一的选择。

苏格拉底的教诲

几个学生问哲学家苏格拉底："人生是什么？"

苏格拉底把他们带到一片苹果树林，要求大家从树林的这头走到那头，每人挑选一只自己认为最大最好的苹果。不许走回头路，不许选择两次。

在穿过苹果林的过程中，学生们认真细致地挑选自己认为最好的果实。

等大家来到苹果林的另一端，苏格拉底已经在那里等候他们了。他笑着问学生："你们都挑到了自己最满意的果子吗？"

大家你看看我，我看看你，都没有回答。

苏格拉底见状，又问："怎么啦，难道你们对自己的选择不满意？"

"老师，让我再选择一次吧，"一个学生请求说，"我刚走进果林时，就发现了一个很大很好的苹果，但我还想找一个更大更好的。当我走到果林尽头时，才发现第一次看到的那个就是最大最好的。"

另一个学生紧接着说："我和他恰好相反。我走进果林不久，就摘下了一个我认为最大最好的果子，可是，后来我又发现了更好的。所以，我有点后悔。"

"老师，让我们再选择一次吧！"其他学生也不约而同地请求。

苏格拉底笑了笑，然后坚定地摇了摇头，语重心长地说："孩子们，这就是人生——人生就是一次次无法重复的选择。"

面对无法回头的人生，我们只能做三件事：郑重地选择，争取不留下遗憾；如果遗憾了，就理智地面对它，然后争取改变；假若也不能改变，就勇敢地接受，不要后悔，继续朝前走。

151

两个人和一头驴

一个老头和一个孩子，用一头驴驮着东西到集市上去卖。东西卖完了，两人开始往回走。路上，老头把孩子放在驴背上，自己牵着驴。这时候，路上有人便责备起孩子：这孩子真不懂事，年纪轻轻的怎么能让老人在地上走呢？

孩子听了路人的责备，觉得自己不对，就立即从驴背上下来，让老头骑到驴背上去。老头骑上了驴，小孩就在地上牵着驴走路。这时，又有人责备老头：这老头真不通情理，一个大人，怎么忍心让一个孩子在地上走路？

老头听了觉得有理，于是便把小孩也抱到驴背上来，两个人一前一后地骑驴走。不曾想，路上又有人说话了：两个人都坐在驴背上，驴子压坏了怎么办？真是太残酷！

听了这些话，老头和孩子觉得再没有别的办法了，于是只好都从驴背上跳下来。路上的人见了，开始笑话他们：真是呆子，放着现成的驴不骑，却在地上受累！

最后，老头感到左右为难，怎么办都不对，便对孩子说：咱们只剩下一个办法了，让我们俩抬着驴子走吧！

一个没有主见的人，必定会被他人所摆布。你的生命被你所摆布，而你又被他人所摆布，结果，你的一生没有一刻是为自己而活。你因此成了一个小丑，所有的人都会轻视你。

不要管别人怎样说，即使你的想法暂时是错误的，别人也会因为你敢于坚持而尊重你。

上帝的一分钟

一个替人割草的男孩打电话给斯宾塞太太："您需不需要割草工？"回答说："不需要了，我已有了割草工。"

男孩又说："我会帮您拔掉花丛中的杂草。" 斯宾塞太太回答："我的割草工也做了。"

男孩又说："我会帮您把走道两旁的草剪齐。" 斯宾塞太太说："我请的割草工正是这样做的。谢谢你。你再到别的地方问问吧。"男孩便挂了电话。

男孩的朋友问他："你不是就在斯宾塞太太家修剪草坪吗？为什么还要打这样的电话？"男孩说："我只是想知道我做得有多好！"

⊙只有不断了解别人对你的评价，才有可能知道自己的长处与短处；只有不断改进工作，你才会永远有工作。

一个小男孩问上帝："一万年对你来说有多长？"上帝回答说："像一分钟。"

小男孩又问上帝："一百万元对你来说有多少？"上帝回答说："相当一元。"

小男孩对上帝说："你能给我一元钱吗？"上帝回答说："当然可以。请你稍候一分钟。"

⊙凡事皆不是唾手可得，天下没有免费的午餐，即使在上帝那里也是一样。

教授做生物实验时，把一只青蛙投进沸水的锅里，青蛙马上"泼嚓"一下就跳了出来；他把另一只青蛙放在一只温水锅里，慢慢加热至沸腾。刚开始，青蛙舒适地在锅中游来游去，到它发现太热想奋力跳出时，却没有力量了。

⊙环境的改变能决定你的成功与失败，但环境的改变有时是看不到的；舒适是最危险的生活方式，舒适可以无情地扼杀天才。

如果你知道生活有多么残酷——你就不会徒劳地产生一些不切实际的幻想，像那个询问上帝的小男孩；你就会永远居安思危，像那个替人割草的小男孩；你就不会看不清楚自己在哪里，不知道身处的环境有多危险，像那只在温水中游泳的青蛙。

——"爸爸，你在生意场上有过失误或受挫的时候吗？"
——"作为一个商人，这是常有的事。其实每个人都有失败的时候。"
——"当你失败的时候，你会有什么感想？"
——"我想：没什么大不了的，忘掉它吧！"
——"天哪！我现在也正是这样想的。我们俩真是太有默契了！"

让失败改变方向

在美国缅因州，有一个伐木工人叫巴尼·罗伯格。一天，他正在砍伐的大树突然倒下，右腿被沉重的树干死死压住，血流不止。

面对自己伐木生涯中从未遇到过的失败和灾难，他的第一个反应就是："我该怎么办？"

此时此刻，他面临一个严酷的现实：周围几十里没有村庄和居民；10小时以内不会有人来救他；不久之后，他会因为流血过多而死亡。

他不能等待，必须自己救自己。他用尽全身力气抽腿，可怎么也抽不出来。他摸到身边的斧子，开始砍树。但因为用力过猛，才砍了三四下，斧柄就断了。他向四周望了望，发现在不远的地方，放着他的电锯。他用断斧柄把电锯弄到手，想把压着腿的树干锯掉。可是，他发现树干是倾斜的，一旦拉动锯子，树干就会把锯条死死夹住。

正当他几乎绝望的时候，他忽然涌出一个大胆的决定：把自己被压住的大腿锯掉！他当机立断，毅然锯断了自己的大腿，终于成功地拯救了自己的生命。

一位哲学家面对一个失败者说过这样的话："人生免不了失败。失败降临时，最好的办法是阻止它、克服它、扭转它，但多数情况下常常无济于事。那么，你就换一种思维，设法让失败改道，变大失败为小失败，在失败中寻找成功。"

相对于死亡而言，仅仅失掉一条腿，何尝不是成功和胜利呢？

你用不着跑在别人后面

一位赛车手一赛完车，就回来向母亲报告比赛的结果。他冲进家门叫道："妈妈，有35辆车参加比赛，我得了第二名！"

"这值得高兴吗？要我说——你输了！"母亲回答道。

"妈妈，你不认为第一次就跑第二是很了不起的事吗？而且有这么多辆车参加比赛。"他抗议着。

"你用不着跑在任何人后面。如果别人能跑第一，你也能！"母亲严厉地说。

这句话深深刻进了儿子的脑海。

接下来的20年中，他称霸赛车界，成为运动史上赢得奖牌最多的赛车选手。他就是理查·派迪。

他的许多项纪录到今天还保持着，没人能打破。二十多年来，他一直未忘记母亲的责备——你用不着跑在任何人后面！

只要是比赛，就一定有"第二名"，但只要参加比赛，就一定要争取"第一名"。你可以心平气和地接受"第二名"，但绝不能心安理得地满足"第二名"。如果这一次你因为"第二名"而欢喜，那么下一次比赛就一定不是"第二名"，而是在更远的后面。这就是"取法乎上而得乎中"的道理，这就是理查·派迪的母亲责备他的原因。

绿色记事本

法兰克福一名 6 岁的一年级新生小奥茨，刚刚到学校注册报到，就领到了一套教科书和一册看上去有点特别的"绿色记事本"。老师告诉孩子们，这不是一本供写字或做作业用的练习本，也不是一册一般的日记本，更不是一本普通画册。

绿色记事本的封面一片翠绿，上面印有森林、草原和田野的图画，就像在德国高速公路两旁常见到的风景一样。老师还告诉孩子们：绿色记事本是用"再生纸"制成的，原料是废纸和垃圾，因而用不着耗费大量木材——而这又意味着不必砍伐宝贵的森林。

一个星期下来，小奥茨的绿色记事本上就有了如下的记录：

⊙星期一 我为一种濒临灭绝的灰鹤捐了 1 马克的零用钱，受到了老师的表扬。

⊙星期二 晚上我迷迷糊糊地睡着了，忘了关灯，结果白白浪费了大量的电，真不应该！

⊙星期三 上图画课时，我因画得不够好而连撕了 3 张白纸，其实我是完全可以画得再小心一些的。老师说，造纸不仅要消耗木材，而且还要消耗大量的水和电。想到这些，我感到惭愧。

⊙星期四 我发现妈妈只为了洗我的两件内衣就开动洗衣机，我觉得这是一种能源浪费。后来妈妈接受了我的建议，以后不再每天都开洗衣机，而是等把衣服积得多一些再洗。

⊙星期五 哥哥是个赛车手，但当他得知开赛车会排放大量污染环境的有毒废气后，他和几个也爱开赛车的朋友竟然想出了一个弥补的办法——每年每人额外栽种20棵树！

⊙星期六　爸爸带我上超市购物。他原本计划开车去，后来听了我的话改坐公交车，这样既可节约开车需要的汽油，也可减少汽车废气的排放量。

⊙星期日　轮到我去丢垃圾，但我发现我家垃圾袋里的垃圾还没有分类，于是我不顾臭味，耐心地将垃圾分类后再丢入垃圾箱，为的是方便环卫工人处理。

老师向全班同学朗读了小奥茨的"环保周记"，要求大家在课后互相传阅。小奥茨开始有点洋洋得意，但看了其他小朋友的"环保周记"后，他觉得自己做的事还太少。

他的邻桌小丹娜比自己"更聪明"——她竟然成功地设计出一种煮鸡蛋可节约三分之一能源的新方法：将生鸡蛋置入少量冷水里煮，待水一开即切断电源，利用余热就可以把鸡蛋煮熟。小奥茨一开始并不相信，回家试验了一次后才心服口服。有趣的是，现在全班同学在家煮鸡蛋时都采用了"丹娜煮蛋法"，连一些老师在尝试了这种方法后也连连称赞。

另一名叫费格的小朋友更是别出心裁，他设计了一种"环保收支簿"——他与父母亲经过一番商量讨论后，制定了每周用电量和用水量的"限额"，要是这一周超了，下一周便必须节约一点以作"补偿"。在他的"环保收支簿"里，留下了这么几行字：本周已超额用电28度，故我和弟弟都保证下周只收看3天的电视并停止玩电子游戏。

人们总认为，如果我们多耗了汽油、水、电、木材这些东西，我们会多付钱，只要自己有钱，想用多少都是自己的事。殊不知，地球的资源是人类共有的，而且是有限的，如果我们不珍惜自然，总有一天人类会一无所有——连造钞票的原料都没有了，我们还凭什么财大气粗？

女人的需要

在一次大学语言课上，老师给学生留了一个家庭作业：先阅读一篇文章，并思考提出的问题，等下一节课将各自思考的答案告诉大家。

文章的大意是：

年轻的亚瑟国王被邻国抓获。邻国的君主没有杀他，并承诺，只要亚瑟可以回答一个非常难的问题，他就可以给亚瑟自由。

这个问题是：女人真正想要的是什么？

这个问题连最有见识的人都困惑难解，何况年轻的亚瑟。于是人们告诉他去请教一位老女巫，只有她才知道答案。女巫答应回答他的问题，但他必须首先接受她的交换条件。这个条件是：让自己和亚瑟王最高贵的圆桌武士之一、他最亲近的朋友——加温结婚。亚瑟王惊骇极了，他无法置信地看着女巫：驼背，丑陋不堪，只有一颗牙齿，浑身发出难闻的气味……

亚瑟拒绝了，他不能因为自己让他的朋友娶这样的女人。

加温知道这个消息后，对亚瑟说："我同意和女巫结婚，对我来说，没有比拯救你的生命更重要的了。"

于是婚礼宣布了。女巫也回答了亚瑟的问题：女人真正想要的是可以主宰自己的命运。

每个人都立即知道了女巫说出的真理，于是邻国的君主放了亚瑟王，并给了他永远的自由。

来看看加温和女巫的婚礼吧，这是怎样的婚礼呀——为此，亚瑟王在无法解脱的极度痛苦中止不住地哭泣。加温一如既往地温文尔雅，而女巫却在婚礼上表现出最丑陋的行为：用手抓东西吃，蓬头垢面，用嘶哑的喉咙大声讲话。她的言行举止让所有的人都感到恶心。

新婚的夜晚来临了，加温依然坚强地面对可怕的处境。然而，走进新房，却被眼前的景象惊呆了：一个他从没见过的美丽少女半躺在婚床上！加温如履梦境，不知这到底是怎么回事。

美女回答说，因为当她是个丑陋的女巫时，加温对她非常体贴，于是她就让自己在一天的时间里一半是丑陋的，另一半是美丽的。她问加温，在白天和夜晚，你是想要哪一半呢？

多么残酷的问题呀！加温开始思考他的困境：是在白天向朋友们展现一个美丽的女人，而在夜晚，在自己的屋子里，面对的是一个又老又丑如幽灵般的女巫？还是选择白天拥有一个丑陋的女巫妻子，但在晚上与一个美丽的女人共同度过亲密的时光？

故事结束了，问题是：如果你是加温，会怎样选择？

第二天的课堂上，答案五花八门，归纳起来也就是两种：一种选择白天是女巫，夜晚是美女，理由是妻子是自己的，不必爱慕虚荣，苦乐自知就可以了；一种选择白天是美女，因为可以得到别人羡慕的目光，至于晚上，漆黑的屋子，美丑都无所谓了。

老师听了所有的答案，没有说什么，只是问大家是否想知道加温的回答。大家说当然想。

老师说："加温没有做任何选择，只是对他的妻子说，'既然女人最想要的是主宰自己的命运，那么就由你自己决定吧！'"

于是女巫选择——白天夜晚都是美丽的女人。

所有的学生都沉默了：为什么我们没有一个人做出加温那样的回答？

有时我们是不是很自私？我们总以自己的喜好去安排别人的生活，却没有想过人家是不是愿意。

如果多一些爱心，多关怀一点别人，我们是不是也会像加温一样得到出乎意料的回报？

试一试吧，这样做其实并不难。

小心"牛屎运"

一只火鸡和一头牛闲聊。

火鸡说："我希望能飞到树顶，可我没有力气。"

牛说："为什么不吃一点牛粪？它是很有营养的。"

火鸡吃了一些牛粪，它有了足够的力量飞上了第一根树枝。

第二天，火鸡吃了更多的牛粪，飞到第二根树枝。两个星期后，火鸡骄傲地飞到了树顶。

但不久，一个农夫看见了高高站在树顶的火鸡，一枪把它射了下来。

⊙"牛屎运"可以让你达到顶峰，但不可能让你永远留在那里。

乌鸦站在树上，整天无所事事。

兔子看见了，就问它："我能像你一样站着，每天什么也不干吗？"

乌鸦说："当然，有什么不可以？"于是，兔子在树下的空地上开始休息。

忽然，一只狐狸出现了。它跳起来抓住兔子，几下就把它吞进了肚子。

⊙如果你想站着什么也不干，那你必须站得非常非常高。

一只小鸟飞到南方去过冬。

天太冷，小鸟被冻僵了，于是它飞到一大块空地上。

一头牛经过那儿，拉了一堆牛粪在小鸟身上。冻僵的小鸟躺在粪堆里，觉得好温暖，渐渐苏醒过来。

它温暖而快活地躺着，不久开始唱起歌来。

一只路过的猫听到歌声，便走过去看个究竟。循着歌声，猫很快发现了粪堆里的小鸟，于是就把它拽出来，然后把它吃掉了。

⊙不是每个往你身上拉大粪的人都是你的敌人。也不是每个把你从粪堆里拉出来的人都是你的朋友。当你躺在粪堆里的时候，最好把嘴巴闭上。

学会预感危险，尤其在非常得意的时候。

一般来说，危险就在你得意的时候悄然来临。

得意常常给你的不是惊喜，而是惊痛。

爸爸正在向妈妈汇报教育我的成果。他说："我和艾力克进行了一次长谈，他已经打算听我们的话了。"

其实爸爸误解我了的意思，我只是告诉他"我听见了你说的话"而已。大人们总是自以为是。

狐狸的遭遇

　　有只狐狸惊慌失措地跑进一个村落，喘得上气不接下气，四肢发软，狼狈万分。一只鹦鹉见了，便问道："狐狸先生，您这是怎么啦？"狐狸一脸惶恐地说："后……后面有一大群猎犬在追我！"

　　鹦鹉听了心急地大叫："哎呀！那你赶快到村口玛丽大婶家里躲一躲吧。她人最好，一定会收留你的。"狐狸一听，说："玛丽大婶？不行，前两天我还偷了她的鸡，她不会收留我的。"

　　鹦鹉想了想，又说："没关系，史密斯大爷的家离这里也不远，你赶快跑到他那儿躲起来呀！"狐狸却说："史密斯大爷也不行，几天前我趁他不在家时，偷吃了他孙女养的金丝雀，他们一家正痛恨我呢！"

　　鹦鹉又说："那么，你去投靠杰佛逊大夫吧，他是这村里惟一的医生，非常有爱心，一定不忍心看你被抓的。"狐狸尴尬地说："那个杰佛逊大夫呀？上次我到他家里，把他存的肉片给吃得一干二净，还把他院子里种的郁金香给踩烂了……我没脸再去找他。"

　　鹦鹉无奈地问："难道这个村里就没有你可以投靠的人了吗？"狐狸回答："没有，我平时可没少害他们啊！"

　　鹦鹉摇摇头，说："唉，那么我也救不了你了。"最后，这只平日里耀武扬威的狐狸，被猎犬给抓住了。

　　没有人会一生一帆风顺，没有人永远高枕无忧。当你失败时，还有没有愿意帮你的朋友？

　　做一个好人，其实是在为自己留一条万一的后路。你做过一件坏事，可能要付出十倍的代价；同样地，你做过一件好事，也许会有十倍的回报——这就是利息。

　　你平时怎样待人，将决定你失意时别人怎样待你；你失意时别人怎样待你，也决定了你的失败究竟是一败涂地还是有惊无险。

163

生命的账单

我们看不见时间，这就是我们的悲剧所在。因为看不见，我们不知道它到底有多少；因为看不见，它变少了，也引不起我们的关注。加上时间是上帝赐给的，我们没有为拥有它而付出艰辛，所以我们即使发现它消失了，也不痛惜。

可是时间就像我们手里的信用卡，如果你不小心使用，终于会有一天它的余额突然变成了零——而你还有那么多事还没做，还有那么多美妙的计划还未实施！而且，它不像信用卡——它不能充值！

人们对于金钱的开支，大多比较留心，但对于时间的支出，却往往不大在意。如果有谁为人们在工作生活等方面所用去的时间一一予以记录，列出一份"生命的账单"，不仅十分有趣，而且可能会令人有所感悟，有所警醒。

法国《兴趣》杂志对人一生在时间的支配上做过一次调查，结果是这样的："站着，30年；睡着，23年；坐着，17年；走着，16年；跑着，1年零75天；吃着，7年；看电视，6年；闲聊，5年零258天；开车，5年；生气，4年；做饭，3年零195天；穿衣，1年零166天；排队，1年零135天；过节，1年零75天；喝酒，2年；入厕，195天；刷牙，92天；哭，50天；说'你好'，8天；看时间，3天。"

英国广播公司也曾委托人体研究专家对人的一生进行了"量化"分析，有些数字可以作为上面推算的补充："沐浴，2年；等候入睡，18周；打电话，2年半；等人回电话，14周；无所事事，2年半。"以上推算和量化分析并不全面，而且有些数字也不具有很强的说服力和可信性，但为我们大致列出了一个生命的账单。

这份账单上的时间开支，有一些是非花销不可的，但有的却完全可以节省。每个人在生活的每一天都必须清楚：我该为哪些事花费时间？哪一些可以忽略或缩短？只有像对金钱那样计较时间，我们才能在有限的人生中做更多有意义的事情。

"吝啬专家"的学问

加拿大渥太华有两位"吝啬专家"，一位叫达希·珍，一位叫尼克森，他们都办了一份教人如何节俭过日子的报纸。

达希·珍别号"狂热节俭家"，她自费出版了《安全守财奴月报》，多年来，向读者提供了无数省钱致富的秘诀。

达希·珍说，赚钱渠道包括"找更高薪酬的职业"和"多省点钱"这两条路。她举了一个例子，一位部长级的官员虽有15万加元的年薪，但为了维持高官的面了，花在衣着、应酬、停车、保险、豪宅上面的钱占的份额，说不定会超过他的报酬，消费太高导致入不敷出。相反，过简单一点的日子，虽然赚的不多，反而能存下更多的钱。

真正有钱的人不会住在最扎眼的高级社区，而常常住在普通公寓区；也不会开昂贵的豪华汽车，并且不到最后关头不会换车。更重要的是，有钱人都懂得节省和投资。达希·珍最后强调，你省下来的一块钱，大于你赚进的一块钱。

另一位吝啬专家尼克森，在渥太华西郊的家里编辑出版《吝啬家月报》，传播勤俭致富的福音。每星期日，他主持CFRA电台的"省下来就是你的钱"节目与听众分享吝啬之道。

尼克森在月报里提供了10项省钱致富的小秘诀：

不断从收入当中拨出部分存款，5%、10%、25%都可以，反正一定要存；

搞清楚你的钱每天、每周、每月用到哪里去了，要详细列一份预算与支出表；

每次购物之后，要检查、核对所有的收据，看看商家有没有多收费；

信用卡只需保留一张，能够证明身份就够了，欠账每月绝对付清；

自备便当上班，这样每周可节省45加元午餐费，每年省下2200加元付房子贷款或存作退休基金；

与人共搭一辆车或乘大众交通工具上下班，节省停车费、汽油费、保险费、耗损费以及停车时间；

多读些有关修理、投资、致富的《实用手册》，最好从图书馆借，或从网络下载，省钱；

简化生活，房子不用太大；买二手汽车；到廉价商店、拍卖场、搬家大贱卖等地购物；

买东西时切记"花这钱值不值得"，便宜货不见得划得来，贵也不保证品质就好；

绝对要杀价，你不提出，店家绝不会主动减价卖给你东西。

每个人在还没出生的时候就已经开始花钱了，所以，你必须重视金钱；金钱不是从天上掉下来的，是通过艰苦的劳动获得的，所以，你必须珍惜金钱；同样多的钱在不同人的手中会发挥不同的作用，因而可以说，花钱是一门艺术，所以，你必须学习怎样花钱。

通过一个人的用钱方式，可以看出这个人的品德、智慧和性格。

一匹马的命运

一匹马多年独享一块肥沃的草地，后来有一只鹿也发现了这块草地。

本来按这匹马的食量，就是活一万年，也吃不完这块地上的草，但它却对鹿的闯入心存不快。

于是，它想借助人的力量征服可恨的鹿。但狡猾的人却说："我抓不到鹿，除非你让我骑着追上它。"马同意了，结果人骑着马追上了鹿。

本来马和鹿的奔跑速度是人远不能及的，但为了报复鹿，马甘受其缚，结果它们都成了人的俘虏。

直到这一刻，马才感到悔恨，但一切已无法改变。最终的胜家，不是跑得最快的马，也不是跑来分一杯羹的鹿，而是有智慧的人。

直到今天，马依然被人带上辔头，为其劳作，马是否反思过自己的错误呢？

逞一时之快，为了打击报复又不择手段，终会让自己付出沉重代价。

马如此，人何尝不是如此？

167

棋盘上的麦粒

古代印度的舍罕王，打算重赏国际象棋的发明者——宰相西萨。西萨向国王请求说："陛下，我想向你要一点粮食，然后将它们分给贫困的百姓。"

国王高兴地同意了。

"请您派人在这张棋盘的第一个小格内放上一粒麦子，在第二格放两粒，第三格放四粒……照这样下去，每一格内的数量比前一格增加一倍。陛下啊，把这些摆满棋盘上所有 64 格的麦粒都赏赐给您的仆人吧！我只要这些就够了。"国王许诺了宰相这个看起来微不足道的请求。

千百年后的今天，我们都知道事情的结局：国王无法实现自己的承诺。这是一个长达 20 位的天文数字！这样多的麦粒相当于全世界两千年的小麦产量。

不过当时所有在场的人都不知道这个结果。他们眼看着仅用一小碗麦粒就填满了棋盘上十几个方格，禁不住笑了起来，连国王也认为西萨太傻了。

随着放置麦粒的方格不断增多，搬运麦粒的工具也由碗换成盆，又由盆换成箩筐。即使到这个时候，大臣们还是笑声不断，甚至有人提议不必如此费事了，干脆装满一马车麦子给西萨就行了！

不知从哪一刻起，喧闹的人们突然安静下来，大臣和国王都惊诧得张大了嘴：因为，即使倾全国所有，也填不满下一个格子了。

弱小的事物当初总是被人讥笑，但只要不断积聚力量，就会逐渐强大。从弱变强的过程可能是难以察觉的，当你能够看见时，它就一定强大得令人难以置信。

THE LIBRARY OF

Harvard Family Instruction

创　意

了无痕迹的匠心

HARVARD
FAMILY
INSTRUCTION

今天只有一名顾客

商场经理检查新来的售货员一天的业务情况。

"今天你向多少名顾客提供了服务？"经理问。

"1 名。"这名售货员答道。

"仅仅 1 名顾客？"老板又问，"卖了多少钱？"

售货员回答："58334 美元。"

经理大吃一惊，他请这位店员解释一下怎么卖了那么多钱。

"首先我卖给了那个男人一只钓鱼钩，"售货员说，"接着卖给他一根钓竿和一只卷轴。然后我问他打算到什么地方钓鱼，他说去海里。所以我建议他应该拥有一条船——他就买了一艘 20 英尺长的小型汽艇。运走时，我带他到咱们商场的汽车销售部，卖给了他一辆微型货车。"

老板惊愕不已地问道："你真的卖了那么多东西给一个仅仅来买一只鱼钩的顾客？"

"不！"新来的售货员回答："他本来是到旁边柜台为他患偏头疼的夫人买一瓶阿斯匹林。我对他说：'先生，你的夫人身体欠佳，周末如果有空，你不妨带着她去试试钓鱼，那真是太有意思了！

——事情就是这样。"

有的人每一天都做很多事，可是没有一件事做得出类拔萃；有的人一生做很多事，却没有一件足以让他功成名就。

做事的多少是一回事，做事的质量和成效又是另一回事。如果我们十件事都做不好，就专心做一件吧！

171

六颗子弹

人总有面临困境的时候。如果你面临了困境，一定要把困境看清楚，然后瓦解困境。

卡尔森的困境不是劫匪，因为劫匪是一个"瘦小男子"。他的困境是"六颗子弹"，这是他无法抵挡的力量。

他运用了瓦解的办法，让一只充满威胁的手枪变成一个毫无杀伤力的小铁块。于是，他安全了。

卡尔森走在纽约深夜的街道上，他的脚步十分急促。突然，眼前小巷中黑影一闪，一个穿着风衣的瘦小男子挡住了他的去路，口中低声喊道："站住，不要乱动！"

卡尔森看着劫匪手中的左轮枪，慢慢地举起双手，任由劫匪将他的手表和皮夹搜去。就在劫匪准备离开之际，卡尔森叫住了他。

卡尔森说："先生，你抢走了我的钱和手表没有关系，可是，我家里有一个极其凶悍的老婆，我回到家里，要是告诉她我被抢了，她一定不肯相信，她会以为我因赌博而把钱输光了。"

劫匪道："那关我什么事？"

卡尔森说："能不能麻烦你，用手枪在我的帽子上射一个洞，这样我回去会好交代一些。"

经不起卡尔森再三恳求，劫匪勉为其难地在他的帽子上开了一枪。随后，卡尔森又说，为了逼真，最好在外套、裤管、靴子，甚至于手帕上都留下弹孔。

做完这一切，身材瘦小的劫匪准备扬长而去，卡尔森却拦住了他，要求还回手表和钱夹。劫匪准备举枪威胁，卡尔森却平静地笑着说："六颗子弹都打完了。"于是，皮夹和手表又物归原主。

藏在书中的遗嘱

有一天，美国斯坦福大学生物系学生尼森正在图书馆里埋头攻读一本名叫《生物变种遗传基因研究》的书，这本书虽然他已读过好多遍，但仍然爱不释手。

奇怪的是，当他再次打开这本书的时候，突然有一种异样的感觉，好像这本书总有些什么特别的地方。于是，他仔细注意书中的每一个细节，果然有所发现。原来，在书的内文中共有 73 处出现了阿拉伯数字，有 9 处数字下面，出现了模糊的墨迹。如果不特别留心，根本就不会发现。

尼森把这 9 个数字按在书中出现的先后顺序连起来，就是 741256921。尼森认为这其中肯定有什么秘密，他决心揭开这个谜底。

他发动所有的亲属和朋友，到各个图书馆寻找这本书，并按照他提供的页数查看有无相同的印迹。结果发现，在现存很少量的这本著作中，都存在着相同的情况。尼森非常兴奋，他拿着书请专家鉴定，看是不是排版印刷中出现的问题。答案是否定的，专家认为这明显是人为用笔尖点在纸上留下的痕迹。

尼森开始对这本书展开调查，发现这本书是由劳腾斯出版社于 1928 年出版的，作者是威斯康星大学教授皮尔先生。此书出版时，皮尔教授已 61 岁，3 年后因病去世。此书只印了一版，而且数量极少，只有 420 册，现今美国各图书馆总共收藏仅有十几本。

通过专家帮助和互联网确认，这组号码最后被认定为一家银行地下保险库中一个私人保险箱的密码。在保险库管理人员的帮助下，尼森找到了皮尔教授的名字，并用这组号码顺利打开了保险箱。

令人惊异的是，保险箱里放着一封用蓝色丝绸包着的长信。在这封长达 11 页的信中，皮尔教授用伤感的文字介绍了自己默默无闻的一生，描述了出版这本书所遇到的困难和艰辛。他说，世人和学术界对这本书的淡漠，曾使他伤心至极。因此，他在所有书中的 9 个阿拉伯数字下面，亲自用笔尖点一滴墨水，将这 9 个数字连起来，作为这个保险箱的密码。如果有喜爱这本书的人发现这个秘密，他就把存放在这家银行里的 36.34 万美元遗产全部赠送给这个人。在信封里，还有一张银行的提款单和其他相关证明，按美国的有关法律，尼森可以获得这笔钱，而且当时的本息相加是 274 万美元。

就这样，尼森一夜之间变成了百万富翁。

为什么只有尼森能够在这本书中发现财富？因为只有尼森全心地阅读了这本书。每一本好书中都藏有一笔财富，不过它不一定是一笔存款而已。

每一本书中都会蕴涵一种真知或真理，如果你真的读懂了它，真的掌握了精髓，然后学会了在生活中有效地运用，最终你得到的可能比尼森还要多。

一本书甚至一句话，就可能让一个人的一生彻底改变，这难道不是巨大的财富吗？

谁能让鸡蛋站立

为了横越大西洋，哥伦布精心筹划了18年。其间，他受尽别人的嘲笑和奚落，被认为是愚蠢的梦想家。

经过无数次辩论和游说，他的真诚和信念最后感动了西班牙国王和王后，他们给了哥伦布远航的船只。哥伦布成功地渡过了大西洋，并发现了美洲大陆。

当哥伦布回到西班牙时，举国上下一片欢腾，人们对哥伦布充满了崇敬之情。国王和王后在宫廷里宴请他，异常兴奋地听他讲述航海过程中遇到的奇闻轶事。

哥伦布的成功和荣耀引起了很多人的妒忌。他们说："不就是一个因贫穷而做白日梦的穷水手吗？只要有足够大的船只，谁不能横渡大西洋呢？"

听了别人的议论，哥伦布没有恼怒。他从容地站起来，对大家说："如果你们有兴趣，我想提议在座的每一位做一个小小的游戏。很简单，看谁能把一个鸡蛋竖立起来。"

每个人都尝试着把鸡蛋立起来，结果却失败了。最后大家一直认为，这是不可能办到的事情。这时，哥伦布顺手拿起一个鸡蛋，把尖端往桌面上轻轻一磕，鸡蛋就稳稳地立住了。

哥伦布表情严肃地说："各位，你们都说这件事情不可能办到，但我做到了。这是世界上最简单的事情，但等你们知道应该怎么做之后，谁都能做到了——关键在于谁先想到。"

我们总是说："机会都没有了。"飞机让莱特兄弟发明了，相对论已经让爱因斯坦发现了，小说让海明威写了，电脑让比尔·盖茨做了……殊不知，我们的身边每时每刻都充满了创造奇迹的机会。

哥伦布把发现美洲的机会抢走了，当人们表示不满时，他把让鸡蛋立起来的机会给了大家，结果人们还是没有抓住。

"关键在于谁先想到"。要记住这句话，然后问：我想了吗？我在怎样想？！

175

乔·吉拉德的玫瑰花

乔·吉拉德是世界级汽车营销大王，在15年的推销生涯中，共卖出13001辆汽车，曾创下一年卖出1425辆（平均每天4辆）的纪录，这个成绩被列入《吉尼斯世界大全》。

他的几万个客户，每隔一段时间就会接到他寄来的贺卡，上面只有这样的一些话："祝你生日快乐"，"为你的荣升干杯"，"希望什么时候再能聆听你的教诲"……他的秘诀是：决不营销汽车，只营销问候。

有一次，一位中年妇女走进乔·吉拉德的展销室，说她想在这儿看看车，打发一会儿时间。她告诉乔·吉拉德，她想买一辆白色的福特车，就像她表姐开的那辆一样。但对面福特车行的推销员让她过一小时后再去，所以她就先来这儿看看。她说，这是她送给自己的生日礼物，"今天是我55岁生日。"

"生日快乐！夫人。"乔·吉拉德一边说，一边把她让进办公室，自己出去打了一个电话。然后，乔·吉拉德继续和她交谈："夫人，您喜欢白色车，既然您现在有时间，我给您介绍一下我们的双门式轿车——也是白色的。"

他们正谈着，女秘书走了进来，递给乔·吉拉德一束玫瑰花。乔·吉拉德慎重地把花送给那位妇女："尊敬的夫人，有幸知道今天是您的生日，送您一份薄礼，祝您好运！"

她很受感动，眼眶都湿了。"已经很久没有人给我送礼物了。"她说，"刚才那位福特推销员一定是看我开了部旧车，以为我买不起新车。我刚要看车，他却说要去收一笔款，于是我就上这儿等他。其实我只是想要一辆白色车而已，只不过表姐的车是福特，所以我也想买福特。现在想想，不买福特也可以。"

最后她在乔·吉拉德手里买走了一辆雪佛莱，并填了一张全额支票。其实从头到尾乔·吉拉德都没有劝她放弃福特而买雪佛莱。只是因为她在这里感觉受到了重视，于是放弃了原来的打算，转而选择了乔·吉拉德的产品。

点滴就是大海

有一位年轻人，在一家石油公司里谋到一份工作，任务是检查石油罐盖焊接好没有。这是公司里最简单枯燥的工作，凡是有出息的人都不愿意干这件事。这位年轻人也觉得，天天看一个个铁盖太没有意思了。他找到主管，要求调换工作。可是主管说："不行，别的工作你干不好。"

年轻人只好回到焊接机旁，继续检查那些油罐盖上的焊接圈。既然好工作轮不到自己，那就先把这份枯燥无味的工作做好吧！

从此，年轻人静下心来，仔细观察焊接的全过程。他发现，焊接好一个石油罐盖，共用 39 滴焊接剂。

为什么一定要用 39 滴呢？少用一滴行不行？在这位年轻人以前，已经有许多人干过这份工作，从来没有人想过这个问题。这个年轻人不但想了，而且认真测算试验。结果发现，焊接好一个石油罐盖，只需 38 滴焊接剂就足够了。年轻人在最没有机会施展才华的工作上，找到了用武之地。他非常兴奋，立刻为节省一滴焊接剂而开始努力工作。

原有的自动焊接机，是为每罐消耗 39 滴焊接剂专门设计的，用旧的焊接机，无法实现每罐减少一滴焊接剂的目标。年轻人决定另起炉灶，研制新的焊接机。经过无数次尝试，他终于研制成功了"38 滴型"焊接机。

使用这种新型焊接机，每焊接一个罐盖可节省一滴焊接剂。积少成多，一年下来，这位年轻人竟为公司节省开支 5 万美元。

一个每年能创造5万美元价值的人，谁还敢小瞧他呢？由此年轻人迈开了成功的第一步。

许多年后，他成了世界石油大王——洛克菲勒。

——艾力克，你现在看到的就是大海，当年我和你妈妈就是在这里开始恋爱的。

——那么说，爸爸，现在我们俩也必须要在这里开始恋爱吗？

有人问洛克菲勒："成功的秘诀是什么？"他说："重视每一件小事。我是从一滴焊接剂做起的，对我来说，点滴就是大海。"

我们只羡慕别人拥有大海，但不知道别人一滴一滴艰辛积累的过程。

一点一滴都是重要的，否则哪里会有大海？

"梅尔多"铁锤

在美国纽约州，有一家妇孺皆知的"梅尔多"公司。这家公司是靠制造"梅尔多"牌铁锤起家的，它的起家时间很长，但过程却非常简单。

"请给我做一柄最好的锤子，做出你能做得最好的那种。"多年前，在纽约州的一座村庄，一个木匠对一个铁匠说。"我是从外地来的，在这里做一个工程，我的工具在路上丢了。"

"我做的每一柄锤子都是最好的，我保证。"铁匠戴维·梅尔多非常自信地说。"但你会出那么高的价钱吗？"

"会的。"木匠说，"我需要一柄好锤子。"

铁匠最后交给他的，确实是一柄很好的锤子，也许从来就没有哪柄锤子比这个更好。尤其值得称道的是，锤子的柄孔比一般的要深，锤柄可以深深地楔入锤孔中，这样，在使用时锤头就不会轻易脱柄。

木匠对这个锤子十分满意，不住地向同伴炫耀他的新工具。第二天，和他一起的木匠都跑到铁匠铺，每个人都要求订制一把一模一样的锤子。

这些锤子被工头看见了，于是他也来给自己订了两件，而且要求比前面订制的都好。"这我可做不到，"梅尔多说，"我打制每个锤子的时候，都是尽可能把它做得最好，我不会在意谁是主顾。"

一个五金店的老板听说了此事，一下子订了两打，这么大的订单，梅尔多以前从来没有接过。

不久，纽约城里的一个商人经过这座村庄，偶然看见了梅尔多为五金店老板订制的锤子，强行把它们全部买走了，还另外留下了一个长期订单。

在漫长的工作过程中，梅尔多总是在想办法改进铁锤的每一个细节，并不因为只是一个铁锤而疏忽大意。尽管这些锤子在交货时并没有什么"合格"或"优质"等标签，但人们只要在锤子上见到"梅尔多"几个字，就会毫不犹豫地买下它。

就这样，在一个不起眼的乡村小镇诞生的小铁锤，慢慢成了美国乃至全世界的名牌产品，而梅尔多本人也凭着这些铁锤终于成为了亿万富翁。

"梅尔多"铁锤之所以畅销，是因为每一把"梅尔多"铁锤都是最好的；梅尔多之所以成功，是因为他总是把每一柄铁锤都做得最好。

皮鞋的来历

　　很久很久以前，人们都还赤着双脚走路。

　　有一位国王外出经过一个偏远的乡间，乡间的路面崎岖不平，而且有很多碎石头，刺得国王的脚又痛又麻。

　　回到王宫后，他下了一道命令：将国内的所有道路都铺上一层牛皮。他认为这样做，不只是为自己，还可以造福于他的人民，让大家走路时不再受刺痛之苦。

　　但即使杀尽国内所有的牛，也筹集不到足够的皮革。而所花费的金钱、动用的人力，更不知多少。虽然根本做不到，甚至还相当愚蠢，但因为是国王的命令，大家也只能暗自感叹。

　　一位聪明的仆人大胆向国王提出建言："国王啊！为什么您要劳师动众，牺牲那么多牛，差遣那么多人，花费那么多金钱呢？您何不割两小片牛皮包住您的脚呢？而且所有的人都可以这样啊！"

　　国王听了很惊讶，仔细一想，立刻收回成命，采用了仆人的建议。于是，世界上就有了"皮鞋"这种东西。

　　想改变世界，很难；要改变自己，则较为容易。与其改变全世界，不如先改变自己。

　　当自己改变后，眼中的世界自然也就跟着改变了。

　　心若改变，态度就会改变；态度改变，习惯就会改变；习惯改变，人生就会改变。

　　我们还不应该忽略这样一个事实：所有的好主意，都出自爱心。仆人并不是多有智慧，仆人只多一些不忍之心。他不是为国王划策，而是为牛，为天下苍生。

181

"玛卡若线"的产生

或许你从来没有听说过一个叫琼·玛卡若医生的名字，但这个世界却留下了她的痕迹。

琼出生在美国内布拉斯加州，出于一个医生的敏感和良知，因车祸造成的一个个患者让她对高速公路的安全问题产生了极大的关注。她决定为减少车祸做些有益的事情。

行驶在高速公路上，琼注意到，人们都乐意在道路中间的部分行驶，这种偏好使得车辆相撞的几率大为增加。一个念头突然闪现在琼的脑海中：在公路中间划上一条醒目的线。

当琼将她的建议提交给有关部门时，得到的却是冷酷的否定。不过，琼不是一个轻言放弃的人，她又将自己的设想提供给一个妇女俱乐部，俱乐部所有成员全票赞成这一提议。

尽管有妇女俱乐部的鼎力支持，琼还是在经过了7年不屈不挠的奔走之后，才终于使自己的提议得到实施。

1924年，内布拉斯加州公路管理委员会同意在99号高速公路进行试验，他们在这条路的中间划上了醒目的一条线，将路面平分为两部分。此后的统计数字表明，99号高速公路的事故率大幅度地下降了。

不久，该州的所有高速公路都划上了中分线。随后，世界上的绝大多数国家都采用了这一做法。

作为医生的琼没有在医学界留下自己的影子，却在世界交通史上永远刻下了自己的名字——为了纪念她，人们将马路中间的这条线叫做"玛卡若线"。

如果你对这个世界怀有深切的关爱，你就会设法为完善这个世界做一些事情。

出于这样的动机，爱迪生发明了电灯，弗莱明发明了青霉素，杜瓦发明了保温瓶，玛卡若发明了"玛卡若线"——其实，生活中的每个人都能做同样伟大的事情，包括你在内。

千万富翁的秘密

一位商人，出生在一个嘈杂的贫民窟里。和所有出生在贫民窟的孩子一样，他经常打斗、喝酒、吹牛和逃学。

惟一不同的是，他天生有一种赚钱的眼光。他把从街上捡来的一辆破玩具车修整好，然后租给同伴们玩，每人每天收取半美分租金。一个星期之内，他竟然赚回了一辆新玩具车。他的老师对他说："如果你出生在富人家庭，你会成为一个出色的商人，但是，这对你来说不可能。不过，也许你能成为街头的一位商贩。"

中学毕业后，他真的成了一个商贩，正如他的老师所说。不过在他的同龄人当中，这已是相当体面了。他卖过小五金、电池、柠檬水，每一样都得心应手。最后让他发迹的是一堆服装，这些服装来自日本，全是丝绸，因为在海上遭遇风暴，结果一船的货都成了废品。

这些被暴雨和颜料污染的丝绸数量足有一吨之多，成了日本人头疼的东西。他们想低价处理掉，却无人问津。想搬运到港口扔进垃圾堆，又怕被环保部门处罚。于是，日本人打算在回程的路上把丝绸抛到海中。

有一天，商人在港口的一个地下酒吧喝酒，那天他喝醉了，当他步履蹒跚地走过一位日本海员旁边时，正好听到有人在谈论丝绸的事情。

第二天，他就来到了海轮上，用手指着停在港口的一辆卡车对船长说："我可以帮忙把丝绸处理掉，如果你们愿意象征性地给一点运费的话。"

他不花任何代价拥有了这些被雨水浸过的丝绸。他把这些丝绸加工成迷彩服、领带和帽子，拿到人群集中的闹市出售。几天之间，他靠这些丝绸净赚了10万美元。

现在他已不是商贩，而是一个商人了。

有一次他在郊外看上了一块地，就找到土地的主人，说他愿花10万美元买下来。

主人拿了他的10万美元，心里嘲笑他的愚蠢，这样一个偏僻的地段，只有呆子才会出这样的价。

一年后，市政府对外宣布，要在郊外建造环城公路，他的地皮一下子升值了150多倍。从此，他成了远近闻名的富翁。

在他77岁时，终于因病躺下了，再也不能进行任何商务活动。然而，就在临死前，他让秘书在报纸上发布了一则消息，说他即将要去天堂，愿意为人们向已经去世的亲人带一个祝福的口信，每则收费100美元。结果他赚了10万美元。如果他能在病床上多坚持几天，可能还会赚得更多一些。

他的遗嘱也十分特别，他让秘书再登一则广告，说他是一位礼貌的绅士，愿意和一位有教养的女士同卧一块墓穴。结果，一位贵妇人愿意出资5万美元和他一起长眠。

有一位资深的经济记者，热情洋溢地报道了他生命最后时刻的经商经历。文中感叹道："每年去世的富人难以数计，但像他这样怀着对商业的执著精神坚持到最后的人能有几个？"

这就是一个人怎样成为千万富翁的全部秘密。

每个人都有机会，即使是贫民窟里的孩子；任何地方都有机会，无论在破旧的大街，是港口酒吧，或是在荒僻的郊外；任何时候都有机会，哪怕是在一个人生命的最后时刻。

说没有机会的人是没有道理的。事实是这样：你不认识机会，机会就永远不会认识你。

我的炮弹打偏了

第一次世界大战的凡尔登会战后期，炮火成了左右战局的重要力量。德军依仗其多年储备的众多大口径火炮狂施淫威，而法军战备不足，炮火虚弱，处于劣势。

1916 年 4 月，双方炮击两天两夜后的一天，位于马斯河上游的法军某炮兵阵地弹药所剩无几，炮兵伤亡过半。不得已，指挥官只好起用一批毫无开炮经验的后勤人员临时上炮位顶阵。其中有位年轻的下士因为对开炮怀有与生俱来的恐惧，在没有瞄准的情况下，手忙脚乱中将一发炮弹打了出去。炮弹一出膛，这位胆小的下士就失声叫道："我的炮弹打偏了！"

这发炮弹真是偏得太离谱了，德军阵地在东北方向，而炮弹飞向了西北方向。在弹药将尽之际，这种行为绝对是不可原谅的。指挥官舞着指挥棒气急败坏地向下士冲过来，准备狠狠教训他一顿。这时，只听见炮弹飞去的方向传来一声沉闷的爆炸，接着是巨大的连片爆炸声，炒豆似的绵延不绝，持续时间达 30 多分钟。

所有的人都愣在那里，包括年轻的下士和指挥官，他们不知道究竟发生了什么事情。

原来，这发打偏的炮弹鬼使神差地偏到了斯潘库尔森林中一座重要的德军秘密弹药补给基地，它成功地穿过狭窄的通风口直捣弹药库，引爆了基地所储备的全部弹药。

这发炮弹造成了第一次世界大战中最大的一次爆炸，德军60 多万发大口径炮弹和其他数十吨弹药销毁得一干二净，连一发臭弹都没给德意志帝国留下。于是，德军阵地上无数门大炮张着饥饿的大嘴成了一堆堆废铁。

此前还焦头烂额的法军元帅贝当喜出望外，抓住时机大举反攻丧失了炮火支援的德军阵地。于是，凡尔登会战以能征善战的德军失败而载入史册，并进而决定了第一次世界大战的最后结局。

米雪尔，别哭。想一想，试着用外语，比如法语、德语或葡萄牙语。试一下，用外语告诉我你想要什么，好吗？难道你不想成为一位语言天才吗？

时至今日，人们已无法确知当年的法国人如何评价这位胆小无能的法军下士和他那发偏离了预定目标的炮弹，但这个离奇却真实的故事会永远被人记住。

有时候，命运的炮弹也会发生类似的偏移，所以，如果你把某件事万一做砸了，不必过于沮丧，也许片刻之后就会听见出乎意料却令人惊喜的声响。

不论你信不信，有时连错误都站在正义的一边——也许这一切都是上帝的创意。

送你一只自信罐

　　有个叫西格的女人，自从接连生了三个孩子之后，整天烦躁不安。4 岁的孩子整日顽皮吵闹，19 个月大的孩子整夜哭叫，还有一个小婴儿需要不断喂奶……

　　那一段日子，西格的精神简直快要崩溃了。长期的睡眠不足，使她无法以正常的心态看待周围的世界，也无法正常地看待自己。她甚至怀疑自己天生就"低能"——连几个孩子都照看不好，以后还能做什么呢?

　　这时候，一个叫海伦的朋友，从另外一个城市托人给她带来了一份礼物。她打开一看，是一个装饰得很漂亮的陶瓷容器，上面贴着一个标签，标签上写着:"西格的自信罐，需要时启用。"

　　她打开罐子，发现里面装着几十个用浅蓝色纸条卷成的小纸筒，每个小纸筒上都写着海伦送给西格的一句话。西格迫不及待地一个个打开，只见上面分别写着:

　　上帝微笑着送给我一件宝贵的礼物，她的名字叫"西格";

　　我珍惜你的友谊;

　　我欣赏你的执著，还有你的热情;

　　我希望住在离你的厨房 100 英尺远的地方;

　　你很好客，而且贤惠能干;

　　你有宽广的胸怀和金色美丽的长发;

　　你是我最愿意陪伴着一起在超级市场转上一整天的那个人;

　　你做什么事都那么仔细，那么任劳任怨;

　　我真的相信你能做好任何你想做的事情;

我给你提两点建议：第一，当你完成一件自己想干的事情，或者得到别人的称赞和肯定的时候，就写一张小纸条放在这个罐子里；第二，当你遇到困难和挫折，或者有点心灰意冷的时候，就从这个小罐里拿出几张纸条看一看……

　　读到这里，西格被深深地打动了。因为她真切地感觉到，她正被别人爱着，被别人关心着。困难只是暂时的，自己仍然还是一个很棒的女人。

　　从那以后，西格把这个"自信罐"摆在最醒目的地方，只要遇到压力和困难，就情不自禁地伸手去摸一摸。

　　15 年以后，西格担任了一所幼儿园的园长，很多家长都愿意把孩子送到这家幼儿园，因为她的自信激发了孩子们的自信，每个来到这里的孩子都有一个西格赠送的"自信罐"。

　　任何人都拥有别人所不拥有的东西。你不擅长音乐，却可能擅长绘画；你不善于表达，却善于行动；你不英俊美丽，却热情健康……总有一种事业，会让你出类拔萃；总有一种特色，能够使你别具一格。

　　可是，我们常常看不见自己的力量，因为困难，因为气馁，便自轻自贱，便轻易放弃。为自己做一个"自信罐"吧，在我们生命消沉的时候，用心灵去把它打开。

一美元的轿车

美国的一家报纸登了这么一则广告："一辆崭新轿车，售价1美元。"哈利看到这则广告时半信半疑："今天不是愚人节啊！"但是，他还是揣着1美元，按照报纸上提供的地址找了过去。

在一栋非常漂亮的别墅前，哈利敲开了大门。

接待他的是一位服饰华贵的少妇，问明来意后，少妇把哈利领到车库前，指着一辆崭新的豪华轿车说："喏，就是它。"

哈利脑子里闪过的第一个念头就是："是坏车。"

他说："太太，我可以试试车吗？"

"当然可以！"于是哈利开着车兜了一圈，一切正常。

"这辆轿车不是赃物吧？"哈利要求验看车照，少妇拿给他看了。

于是哈利付了1美元。当他开车要离开的时候，仍百思不得其解。他说："太太，您能告诉我这是为什么吗？"

少妇叹了一口气："实话跟您说吧，这是我丈夫的遗物。他把所有的遗产都留给了我，而这辆轿车，他答应给他的情妇，一个三流女演员。但是，他在遗嘱里把这辆车的拍卖权交给了我，由我将所卖款项交给他的情人——于是，我决定以1美元的价格卖掉它。"

哈利开着轿车高高兴兴地回家了。路上，他碰到老朋友汤姆，汤姆好奇地问起轿车的来历，哈利眉飞色舞地将过程讲述一遍。没等他说完，汤姆就懊悔得捶胸顿足："天啊，一周前我就看到这则广告了！可是我怎么也不相信。"

请记住：在这个世界上，什么事都有可能发生。那些连奇迹都不敢相信的人，又怎么能获得和创造奇迹呢？

189

为噪音付酬

芝加哥的一位退休老人，在一所学校附近买了一栋简朴的住宅，打算在那里安度晚年。

有三个无聊的年轻人，经常在闲着无事的时候用脚踢房屋周围的垃圾桶。附近的居民深受其害，对他们的恶作剧多次阻止，结果都无济于事。时间长了，只好听之任之。

这位老人受不了这种噪音，决定想办法让他们停止。

有一天，当这几个年轻人又在狠狠踢垃圾桶的时候，老人来到他们面前，对他们说："我特别喜欢听垃圾桶发出来的声音，所以，你们能不能帮我一个忙？如果你们每天都来踢这些垃圾桶，我将天天给你们每人 1 美元的报酬。"

年轻人很高兴地同意了，于是他们更加使劲地踢垃圾桶。

过了几天，这位老人愁容满面地找到他们，说："通货膨胀减少了我的收入，从现在起，我恐怕只能给你们每人 50 美分了。"

这三个年轻人有点不满意，但还是接受了老人的条件，每天下午继续踢垃圾桶，可是没有从前那么卖力了。几天以后，老人又来找他们。"瞧！"他说，"我最近没有收到养老金支票，所以每天只能给你们 20 美分，请你们千万谅解。"

"20 美分！"一个年轻人大叫道："你以为我们会为了区区 20 美分浪费我们的时间？不成，我们不干了！"

从此以后，老人和邻居都过上了安静的日子。

有的人在损害别人时，内心是快乐的，当觉得自己被损害时，就会痛苦。

聪明的老人通过"给予"，让踢桶的人将"快事"转化成一种责任，然后又通过减少"支付"的方式让他们成为"受损害者"。于是问题也就迎刃而解了。

人性是有弱点的，有时我们可以积极地加以利用。

去旧金山的机票

有位先生走进西部航空公司的售票厅，对售票小姐说："我想买到打折机票，你们有打折票吗？两张，到旧金山。"

"当然有。不过，请问，您是美国印第安人吗？"

"不是。你问这干吗？"

"那太遗憾了，先生，如果您是印第安人，并在清晨4点启程，又在次日清晨返回的话，我们可以给您30%的减价优惠。"

"哎，我的上帝，请问你们还有其他优惠条件吗？"

"有啊。如果您已结婚20年以上没有离婚，并且是去参加您的结婚纪念活动，我们给您减价20%。"

"这对我不合适，还有吗？"

"哎呀，您太太是射手座吗？如果她是射手座，而且你们又不赶在周末旅行，那么可能享受25%的优惠价。"

"可我们非得在周末才有空呀，况且她不是射手座。"

"别灰心。请问，您和您夫人中有谁还是学生吗？如果你们有一个在上大学，而且又是在星期五乘飞机，我们给您45%的减价优惠。"

"我的天，差不多便宜一半啊！可惜我早几年就念完大学了。这样吧，小姐，谢谢您的耐心介绍。您还是不要给我优惠了，随便两张什么票都可以。"

于是，他心满意足地买下了两张全额机票。

让你拥有一份美好的期望，再给这份期望加进一点幽默，在这种幽默里，再加上真诚的热情……

其实有些时候，我们对精神优惠的需要远比对金钱优惠的需要更强烈。

——难道不是吗？

柯特大饭店的电梯

柯特大饭店是美国加州圣地亚哥市的一家老牌饭店，由于原先配套设计的电梯过于狭小老旧，已无法适应越来越多的客流。于是，饭店老板准备改建一个新式的电梯。他重金请来全国一流的建筑师和工程师，请他们一起商讨，该如何进行改建。

建筑师和工程师的经验都很丰富，他们讨论的结论是：饭店必须新换一台大电梯。为了安装好新电梯，饭店必须停止营业半年时间。

"除了关闭饭店半年就没有别的办法了吗？"老板的眉头皱得很紧，"要知道，那样会造成很大的经济损失……"

"必须得这样，不可能有别的方案。"建筑师和工程师们坚持说。

就在这时候，饭店里的清洁工刚好在附近拖地，听到了他们的谈话。他马上直起腰，停止了工作。他望望忧心忡忡神色犹豫的老板和那两位一脸自信的专家，突然开口说："如果换上我，你们知道我会怎么来装这个电梯吗？"

工程师瞟了他一眼，不屑地说："你能怎么做？"

"我会直接在屋子外面装上电梯。"

工程师和建筑师听了，顿时诧异得说不出话来。

很快，这家饭店就在屋外装设了一部新电梯。在建筑史上，这是第一次把电梯安装在室外。

某一件事，不要因为别人都这样做，我们也一定要这样做；不要因为过去是这样做，现在就得这样做。换一种思路，甚至用完全相反的方法试一下，你会发现问题同样得到解决，但结果可能完全不同。

当别人都纵向地将苹果切开，你不妨横着切一次，你会发现苹果里原来还隐藏着那么美丽的图画。

勇 气

正直无畏的面对

HARVARD

FAMILY

INSTRUCTION

再试一次就是奇迹

1943 年，美国的《黑人文摘》刚开始创刊时，前景并不被看好。它的创办人约翰逊为了扩大该杂志的发行量，积极地准备做一些宣传。

他决定组织撰写一系列"假如我是黑人"的文章，请白人把自己放在黑人的地位上，严肃地看待这个问题。他想，如果能请罗斯福总统夫人埃莉诺来写这样一篇文章就最好不过了。于是约翰逊便给她写去了一封非常诚恳的信。

罗斯福夫人回信说，她太忙，没时间写。但是约翰逊并没有因此而气馁，他又给她写去了一封信，但她回信还是说太忙。以后，每隔半个月，约翰逊就会准时给罗斯福夫人写去一封信，言辞也愈加恳切。

不久，罗斯福夫人因公事来到约翰逊所在的芝加哥市，并准备在该市逗留两日。约翰逊得此消息，喜出望外，立即给总统夫人发了一份电报，恳请她趁在芝加哥逗留的时间里，给《黑人文摘》写那样一篇文章。

罗斯福夫人收到电报后，没有再拒绝。她觉得，无论多忙，她再也不能说"不"了。

这个消息一传出去，全国都知道了。直接的结果是，《黑人文摘》杂志在一个月内，由 2 万份增加到了 15 万份。后来，他又出版了黑人系列杂志，并开始经营书籍出版、广播电台、妇女化妆品等事业，终于成为闻名全球的富豪。

成功从来就不会是一条风和日丽的坦途，面对每一次挫折与失败，我们应该始终怀有"再试一次"的勇气与信心。也许再试一次，我们就听见了成功的脚步声！

南瓜和铁的较量

美国麻省 Amherst 学院进行了一个很有意思的实验。实验人员用很多铁圈将一个小南瓜整个箍住，以观察它逐渐长大时，能抗住多大由铁圈给予它的压力。当初实验员估计南瓜最多能够承受 500 磅的压力。

在实验的第一个月，南瓜就承受了 500 磅的压力；实验到第二个月时，这个南瓜承受了 1500 磅的压力；当它承受到 2000 磅的压力时，研究人员开始对铁圈进行加固，以免南瓜将铁圈撑开。

当研究结束时，整个南瓜承受了超过 5000 磅的压力，到这时候，瓜皮才因为巨大的反作用力产生破裂。

他们取下铁圈，费了很大的力气才打开南瓜。它已经无法食用，因为试图想突破重重铁圈的压迫，南瓜中间充满了坚韧牢固的层层纤维。为了吸收充分的养分，以便于提供向外膨胀的力量，南瓜的根系总长甚至超过了 8 万英尺，所有的根不屈地往各个方向伸展，几乎穿透了整个花园的每一寸土壤。

通常情况下，我们无法想像一个南瓜能承受如此大的压力。相同地，一个人在顺境中也无法想像自己到底能经受多大的挫折。假如南瓜能够承受如此庞大的压力，那么人也一定能够承受。生命的潜能永远大于我们对它的估价！只要我们相信。

不能流泪就微笑

在美国艾奥瓦州的一座山丘上，有一间不含任何合成材料、完全用自然物质搭建而成的房子。里面的人需要依靠人工灌注的氧气生存，并只能以传真与外界联络。

住在这间房子里的主人叫辛蒂。1985 年，辛蒂还在医科大学念书，有一次，她到山上散步，带回一些蚜虫。她拿起杀虫剂为蚜虫去除化学污染，这时，她突然感觉到一阵痉挛，原以为那只是暂时性的症状，谁料到自己的后半生就从此变为一场噩梦。

这种杀虫剂内所含的某种化学物质，使辛蒂的免疫系统遭到破坏，使她对香水、洗发水以及日常生活中接触的一切化学物质一律过敏，连空气也可能使她的支气管发炎。这种"多重化学物质过敏症"是一种奇怪的慢性病，到目前为止仍无药可医。

患病的前几年，辛蒂一直流口水，尿液变成绿色，有毒的汗水刺激背部形成了一块块疤痕。她甚至不能睡在经过防火处理的床垫上，否则就会引发心悸和四肢抽搐——辛蒂所承受的痛苦是令人难以想像的。1989 年，她的丈夫吉姆用钢和玻璃为她盖了一所无毒房间，一个足以逃避所有威胁的"世外桃源"。辛蒂所有吃的、喝的都得经过选择与处理，她平时只能喝蒸馏水，食物中不能含有任何化学成分。

多年来，辛蒂没有见到过一棵花草，听不见一声悠扬的歌声，感觉不到阳光、流水和风的快慰。她躲在没有任何饰物的小屋里，饱尝孤独之苦。更可怕的是，无论怎样难受，她都不能哭泣，因为她的眼泪跟汗液一样也是有毒的物质。

坚强的辛蒂并没有在痛苦中自暴自弃，她一直在为自己，同时更为所有化学污染物的牺牲者争取权益。辛蒂生病后的第二年就创立了"环境接触研究网"，以便为那些致力于此类病症研究的人士提供一个窗口。1994 年辛蒂又与另一组织合作，创建了"化学物质伤害资讯网"，保证人们免受威胁。目前这一资讯网已有 5000 多名来自 32 个国家的会员，不仅发行了刊物，还得到美国上议院、欧盟及联合国的大力支持。

在最初的一段时间里，辛蒂每天都沉浸在痛苦之中，想哭却不敢哭。随着时间的推移，她渐渐改变了生活的态度，她说："在这寂静的世界里，我感到很充实。因为我不能流泪，所以我选择了微笑。"

当灾难降临，人可以努力回避；如果回避不了，可以抗争；如果抗争不了，就得承受；要是承受不了，就哭泣流泪；如果连流泪也不行，可能就只有一种选择：绝望和放弃。可是，辛蒂不同，当她无法流泪时，她选择了微笑！

看来，生活并非是我们想像的那样已由上帝安排定局，如果你不喜欢，一切都可以改变！

我打碎了一扇玻璃窗

　　故事发生在 1954 年的岁末，那时，杰克只有 12 岁。他是一个勤劳懂事的孩子，上学之余，还给附近的邻居送报纸，以此赚取他所需要的零用钱。

　　在他送报的客户中，有一位慈祥善良的老夫人。现在杰克已经记不起她的姓名了，但她曾经给他上的一堂有价值的人生课，他依然记忆犹新。杰克从来都没忘记过这件事，他希望有一天能把它传授给别人，让他们也从中得到教益。

　　在一个风和日丽的午后，杰克和一个小朋友躲在那位老夫人家的后院里，朝她的房顶上扔石头。他们饶有兴味地注视着石头像子弹一样飞出去，又像彗星一样从天而降，并发出很响的声音。他们觉得这样玩很开心、很有趣。

　　杰克又拾起一枚石头，也许因为那块石头太滑了，当他掷出去的时候，一不小心，石头偏了方向，一下子飞到老夫人后廊的一面窗户上。当他们听到玻璃破碎的声音时，就像兔子一样从后院逃走了。

　　那天晚上，杰克一夜都没睡着，一想到老夫人家的玻璃就很害怕，他担心会被她抓住。很多天过去了，一点动静都没有。他确信已经没事了，但内心的犯罪感却与日俱增。他每天给老夫人送报纸的时候，她仍然微笑着和他打招呼，而杰克却觉得很不自在。

　　杰克决定把送报纸的钱攒下来，给老夫人修理窗户。三个星期后，他已经攒下 7 美元，他计算过，这些钱已经足够了。他写了一张便条，把钱和便条一起放在一个信封里。他向老夫人解释了事情的来龙去脉，并且说出了自己的歉意，希望能得到她的谅解。

杰克一直等到天黑才小心翼翼地来到老夫人家，把信封投到她家门口的信箱里。他的灵魂感到一种赎罪后的解脱，重新觉得自己能够正视老夫人的眼睛了。

第二天，他又去给她送报纸，这次杰克坦然地对她说了一声"您好，夫人！"她看起来很高兴，说了"谢谢"之后，就递给杰克一样东西。她说："这是我给你的礼物。"原来是一袋饼干。

吃了很多块饼干之后，杰克突然发现袋子里有一个信封。他小心将信封打开，发现里面装了7美元纸钞和一张彩色信笺。信笺上大大地写着一行字："诚实的孩子，我为你感到骄傲。"

做了错事是遗憾的，如果做了错事还加以掩盖，还挖空心思躲避谴责，那么这就是更大的遗憾了。

人们愿意谅解一个做了错事的人，但决不原谅一个掩饰错误的人。因为做错事可能是无意的，但回避谴责一定是有意的。

敢于忏悔和认错的人是永远值得尊敬的。

迈克·莱恩的赠品

现年 55 岁的迈克·莱恩，曾是英国一名出色的皇家探险队员。之所以有很多人知道他的名字，是因为他的一次非凡壮举。

1976 年，他随英国探险队成功登上珠穆朗玛峰。但在下山的路上，他们却遇上了狂风暴雪。

风雪根本没有停止的迹象，而他们的食品已所剩不多。如果停下来扎营休息，他们很可能在没有下山之前就被饿死；如果继续前行，因为大部分路标被积雪覆盖，他们必须要走许多弯路，每个队员身上所带的增氧设备及行李会压得他们喘不过气来，也许不等他们饿死，就会因疲劳而倒下。

在整个探险队陷入迷茫的时候，迈克·莱恩率先丢弃所有的随身装备，只留下不多的食品——他决定轻装前行。

这一举动几乎遭到所有队友的反对，他们认为，下山最快的速度也要 10 天时间，这就意味着 10 天之中不仅不能安营休息，还可能因缺氧而使体温下降冻坏身体。那样，他们的生命将会极其危险。

迈克·莱恩坚定地告诉他们说："我们必须而且只能这样做。这样的天气 10 天甚至半个月都可能不会好转，再拖延下去，路标也许会全部被掩埋，那时，我们就走投无路。现在我们把所有的重物丢掉，从此不再抱任何幻想，全部的意念就指向一个目标——走出暴风雪。徒手而行可以大大提高速度，只要我们有信心，就一定有生的希望！"

队友们采纳了他的建议，他们一路互相鼓励，忍受疲劳和寒冷，结果用了8天时间就到达安全地带。正像他们预料的那样，恶劣的天气一直持续了半个多月。

不久前，伦敦国家博物馆的工作人员找到迈克·莱恩，请求他赠送一件与当年探险队登上珠穆朗玛峰有关的纪念物品，结果他们收到了莱恩几个冻掉的脚趾。其中还附有他亲笔写的一句话：真正的勇士，是那些关键时刻敢于放弃的人。

爱惜小的东西，就不得不失去大的东西；对眼前"拥有"的贪恋，终会导致将来"失去"的痛苦。

迈克·莱恩正好相反，虽然他失去了几个脚趾，却保住了整个生命——因为他能够放下，因为他敢于放弃。

——天呀，看你把这个家弄成什么样子了？汤姆，难道你没看见你的儿子在干什么吗？

——可是爸爸说过，快乐的童年比地面清洁、桌椅整齐更为重要！难道你不这样认为吗，妈妈？

趟过生命之河的小泥人

有一天，上帝宣旨说，如果哪个泥人能够走过指定的那条河流，他就会赐给这个泥人一颗永不消失的金子心，赐给他天堂的美景。

这道旨意下达之后，泥人们久久都没有回应。不知道过了多久，终于有一个小泥人站了出来。

"泥人怎么可能过河呢？你不要做梦了。"

"你知道，肉体一点点失去时是什么感觉？"

"你将会成为鱼虾的美味，连一根头发都不会留下。"

然而，这个小泥人决意要过河。他不想一辈子只做个小泥人，他想拥有自己的天堂，想拥有一颗永不消失的金子心。

但是他知道，要到天堂，得先过地狱。而他的地狱，就是他将要经历的这条河。

小泥人来到河边，犹豫了片刻，他的双脚终于踏进水中。一种撕心裂肺的痛楚顿时覆盖了他，他感到自己的脚在飞快地溶化，灵魂正一分一秒地远离自己的身体。

"快回去吧，不然你会毁灭的！"河水咆哮着说。

小泥人没有回答，只是沉默着忍受巨痛往前挪动，一步，又一步。这一刻，他忽然明白，他的选择使他连后悔的机会都没有了。如果倒退上岸，他就是一个残缺的泥人；如果在水中迟疑，只能加快自己的毁灭。而上帝给他的承诺，却遥不可及。

小泥人孤独而倔强地走着。这条河真宽啊，仿佛耗尽一生也走不到尽头。他向对岸望去，看见了美丽的鲜花、碧绿的草

203

地和快乐飞翔的小鸟。也许那就是天堂的生活，可是他付出一切也似乎不能抵达。

上帝没有赐给他出生在天堂成为花草的机会，也没有赐给他一双小鸟的翅膀。但是，这能怨上帝吗？上帝允许他做个泥人，这也很不错，是他自己放弃了安稳的生活。

小泥人继续向前挪动，一厘米，一厘米，又一厘米……鱼虾贪婪地咬着他的身体，松软的泥沙使他摇摇欲坠，有无数次，他都被波浪呛得几乎窒息。

小泥人真想躺下来休息一会儿啊，可他知道，一旦躺下来，他就会永远站不起来了，连痛苦的机会都会失去。

他只能忍受、忍受、再忍受。奇妙的是，每当小泥人觉得自己就要死去的时候，总有什么东西使他能够坚持到下一刻。

不知道过了多久——简直就到了让小泥人绝望的时候，他突然发现，自己居然上岸了。他如释重负，欣喜若狂，正想往草坪上走，又怕自己身上的泥土玷污了天堂的洁净。

他低下头，开始打量自己，却惊奇地发现，他的身体已经不再是泥土——他已经变成了一颗金灿灿的心！

假若有机会从一个泥人变成一颗金灿灿的心，我们为什么不去尝试？哪怕河道再宽，哪怕河水再急，闯过去，就是天堂！

生活不就是去趟过这样一道又一道的河吗？站在河边，一辈子心甘情愿地当个小泥人，有什么意义？有什么乐趣？

推开一扇门并不难

　　从前，有一位国王，决定出一道题考一考他的大臣，以便从中选拔出智慧勇敢的人担任国中要职。他把臣子们领到一扇奇大无比的门前说："这是我们王国中最大的门，也是最重的门。请问，你们当中谁能把它打开？"

　　大臣们都知道，这扇门过去从没打开过，所以，他们认为这门肯定是打不开的。于是，一些大臣望着门不住地摇头；另一些人则装腔作势地走上前去看一阵，但并不动手，因为他们不想当众出丑；还有人甚至猜想，国王或许另有用意，所以，静观其变才是最稳妥的态度。

　　这时，有一位年轻的大臣向大门走了过去，只见他双手猛力向大门推去，门被豁然打开了。原来，这扇门本来就是虚掩着的，没有锁也没有插栓，任何人都能轻易地推开它。

　　这个大臣最终得到了国王的奖赏，并获得了重要的职位。

　　歌德曾说："你若失去了财产，你只失去了一点儿；你若失去了荣誉，你就失去了许多；你若失去了勇敢，你就失去了全部。"许多人以为，人生的成功可能需要许多条件，其实只有勇敢就足够了。

　　看看我们周围吧，那些成功的人们并不比我们更有知识、更加聪明，他们和我们惟一的不同是：比我们更有冒险的勇气。

自信的支柱

他是英国一位年轻的建筑设计师，很幸运地被邀请参加了温泽市政府大厅的设计。他运用工程力学的知识，根据自己的经验，很巧妙地设计了只用一根柱子支撑大厅天顶的方案。

一年后，市政府请权威人士进行验收时，对他设计的一根支柱提出了异议，他们认为，用一根柱子支撑天花板太危险了，要求他再多加几根柱子。

年轻的设计师十分自信，他说，只要用一根柱子便足以保证大厅的稳固。他详细地通过计算和列举相关实例加以说明，拒绝了工程验收专家们的建议。

他的固执惹恼了市政官员，年轻的设计师险些因此被送上法庭。

在万不得已的情况下，他只好在大厅四周增加了 4 根柱子。不过，这四根柱子全部都没有接触天花板，其间相隔了无法察觉的两毫米。

时光如梭，岁月更迭，一晃就是 300 年。

300 年的时间里，市政官员换了一批又一批，市府大厅坚固如初。直到 20 世纪后期，市政府准备修缮大厅的天顶时，才发现了这个秘密。

消息传出，世界各国的建筑师和游客慕名前来，观赏这几根神奇的柱子，并把这个市政大厅称作"嘲笑无知的建筑"。最为人们称奇的，是这位建筑师当年刻在中央圆柱顶端的一行字：自信和真理只需要一根支柱。

这位年轻的设计师就是克里斯托·莱伊恩，一个很陌生的名字。今天，能够找到有关他的资料实在微乎其微了，但在仅存的一点资料中，记录了他当时说过的一句话："我很自信。至少 100 年后，当你们面对这根柱子时，只能哑口无言，甚至瞠目结舌。我要说明的是，你们看到的不是什么奇迹，而是我对自信的一点坚持。"

哈克凯特大桥

　　已是午夜时分，乔治驾着车在得克萨斯州西部行驶着，又累又乏。当他看见路边一块牌子上写着"加油／用餐"时，立刻停了车。

　　又一辆车停在外面，有两个人走进来。"两杯咖啡。"其中一个高个子对侍者说。

　　"有地图让我们查一查吗？"

　　"我想是有的。"侍者一面应声，一面端上咖啡，然后在电话机旁的一叠废报纸里找了起来。过了一会儿，他找到了，递上去："也许有点旧了。"

　　陌生人摊开地图。高个子指着奥格兰德河，摇着头对伙伴说："没有桥也没有渡口，没有路通往墨西哥。"

　　侍者听见了，马上说："我也许可以帮你们的忙。"

　　"怎么走呢？"

　　"奥格兰德河在位于哈克凯特镇的地方，半年前造了一座桥。过了桥，往下走就是墨西哥了。"那侍者又在电话机旁寻了一会儿，然后说："应该有最新的地图，可惜这里找不到。那上面标着哈克凯特大桥。"

　　"没关系，有桥就行。"高个子喝完咖啡，与同伴一起走到门口。

　　小声嘀咕几句后，他们突然转过身，从口袋里拿出枪，大声嚷道："蹲下，不准乱动！"

　　乔治和侍者只得照办。他们打开抽屉，拿走了所有的钱，又将电话机扔到地上，拔了电话线，然后飞也似地冲进车子，消失在夜幕中。

乔治再看看侍者，他的脸色有点苍白，但一回过神来就立即开始修理电话。5分钟后，他找到了警方，告诉他们这里发生的一切。"对，对，他们要去哈克凯特镇。"

乔治摇了摇头："我简直被他们给愚弄了，我还以为他们是生意人呢！"

"起先我也给他们骗了，但当他们研究地图时，我看见了高个子腰里的手枪皮套。"侍者说。

乔治有些气愤："你既然已经看见他们不是好人，为什么还要告诉他们哈克凯特大桥的事？我看警察抓住他们的机会实在太小了……"

"没有……"

"没有机会了，"乔治烦躁地说，"他们的车跑得太快了。"

侍者笑了笑："我不是说没有机会了，我是说哈克凯特根本没有那座桥。等待他们的只有一条宽阔的大河！"

保护自己是需要技巧的。当你遇到潜伏的危险时，不能让将要危及你的对象知道你已经意识到了危险，而是不动声色地运用最隐秘的方式化解险境。就如这个聪明的侍者，先将劫匪引向"哈克凯特大桥"，然后再采取进一步的措施。

在鞋带上动点小脑筋

　　形形色色的人来擦皮鞋，多数是友善和蔼的，可是这个穿黑色外套的男人却不同，凯特刚瞅他一眼就有这种印象了。她觉得他好面熟，但就是想不起来在哪里见过面。

　　"孩子，你一个礼拜赚多少钱？"他问凯特，问话的语气让人感到是在揶揄。

　　凯特没有回答他。他又继续说话了："我像你这样的年龄时，已经赚了很多很多钱。"他两眼不停地扫视四方，凯特却一直回想在哪里见过他。蓦地，她想起来了，在邮局见过他的画像，他是个逃犯，是警察要抓的人。

　　他说："你知道，人们欠缺的是想像力，你擦皮鞋就是一种缺少想像力的工作。"凯特尽快擦他的皮鞋，只想越快擦完越好。他又说："16 岁时，我就赚了两千五百美元。"

　　就在那时，凯特突然想起来，两千五百美元？五千美元？或两万五千美元？凯特不能确定。但她知道，抓到这个人可以领一笔巨额的悬赏。可是，我又能如何呢？难道用鞋油罐子打他不成？像他这么高大的人，可以一脚把我踩倒。凯特想，要是现在有人来就好了。

　　他继续说："除了要有想像力外，还要有敢于冒险的勇气。其实，你可以在鞋带鞋油之类的小本买卖上动点脑筋。"

　　突然，凯特看见戴利警官从街上走过来。说时迟，那时快，凯特把这个人两只鞋的鞋带绑在了一起。他一看到戴利警官就说："好了，孩子，我要走了。"

警官走到门窗时，凯特大声叫了起来："戴利警官，快来抓人哪！这个人是你们通缉的逃犯！"

"住嘴！"那个人咆哮道，凯特看到他手里有支手枪。他想逃走，但是没能跑掉。他摔倒在地上，跌了一个嘴啃泥。

几分钟后，戴利警官告诉凯特，她可以得到七千五百美元的赏金。他说："你真聪明。" 凯特不好意思地说："啊！不是我聪明，是他提醒我的。他告诉我要有勇气和想像力，可以在鞋带鞋油之类的小本买卖上动动脑筋。你看，我只不过是在鞋带上打了点主意而已。"

你难免会遇上坏人，他一定是狡诈的，那么，你要比他更狡诈。一方面要和他不动声色地周旋，一方面要细心寻找逃脱或制服他的机会。先不要揭穿他，那样很危险，也不能任他摆布，否则你会失去掌控能力。不要慌乱，因为坏人比你还要慌乱一百倍。

"爸爸，你怎么能在晚饭餐桌上问起我们的作业问题呢？作为一个绅士，这种行为是很不礼貌的，希望你下不为例。"

马歇尔拒当元帅

乔治·马歇尔是美国的一代名将，在第二次世界大战中，他作为美国陆军参谋长，对建立国际反法西斯统一战线做出了重要贡献。

鉴于其功勋卓越，1943年，美国国会同意授予马歇尔美国历史上从未有过的最高军衔——陆军元帅。但马歇尔坚决拒绝了这个荣誉。

如果他被授予陆军元帅，这将使他的军衔高于当时已病倒在床的陆军四星上将潘兴。在马歇尔心目中，潘兴才是当代最伟大的军人，自己是多受潘兴提拔和力荐才有了不断晋升的机遇，所以，马歇尔不愿使自己的恩人受到地位和感情的伤害。

第一次世界大战中，马歇尔随美军赴欧参战，当时的美国远征军司令潘兴非常欣赏马歇尔的才能，大战末期将他提拔为自己的副官，视为得意门生。后来潘兴虽然退役，仍然多次力荐马歇尔。在潘兴的有力影响下，1939年，马歇尔领临时四星上将衔出任美国陆军参谋长。

马歇尔对潘兴一直怀着深厚的感激之情。曾在1938年春，他前往病榻探望潘兴，潘兴若有所思地说："乔治，总有一天你也会像我一样当上四星将军。"马歇尔满怀激情地说："美国只有您有资格获四星上将衔，绝不可能再有另外一个人！"听到马歇尔的肺腑之言，老将军顿时老泪纵横："谢谢你，乔治！"

马歇尔拒绝元帅后，为了表示对他的敬意，美国从此不再设元帅军衔。

荣誉是人们所向往的，权力也是人们所向往的，许多人为此可以不惜一切。马歇尔却是例外，为了恩人潘兴，他毅然放弃了令人羡慕的头衔。

舍弃唾手可得的荣耀，远远比取得这种荣耀艰难得多。

211

5 美元的竞拍

美国海关有一批没收的脚踏车，政府决定将它们全部拍卖。

在拍卖会上，每次叫价的时候，总有一个十岁出头的男孩喊价，他总是以"5 美元"开始出价，然后眼睁睁地看着脚踏车被别人用 30、40 或 50 美元买走。拍卖暂停休息时，拍卖员问小男孩，为什么不出较高的价钱竞争，男孩说，他只有 5 块钱。

拍卖会又开始了，那个男孩还是给每辆脚踏车报出相同的竞价，结果当然和先前一样。一些观众也开始注意到这个孩子，他们开始关注事情的结局。

拍卖会就要结束了，这时，只剩下一辆脚踏车。不过，这一辆的确很棒，不仅车身光亮如新，还有十段杆式变速器、双向手煞车、速度显示器和一套夜间电动灯光装置。

这辆车在拍台上放好后，拍卖师向全场扫视了一遍，然后问道："谁先出价？"

这时，站在最前面，几乎已经放弃希望的那个小男孩再一次叫道："5 美元！"

拍卖师停止唱价，只是微笑着站在那里。

所有在场的人全部盯住这位小男孩，没有人出声，没有人接着举手。拍卖师唱价三次后，用力将拍卖锤砸在桌上，大声说："成交了！这辆脚踏车卖给这位穿白球鞋的小伙子！"

全场鼓掌。那小男孩拿出握在手中仅有的 5 元钱，得到了那辆毫无疑问是世界上最漂亮的脚踏车。他的脸上终于流露出灿烂的笑容。

我们的生命中，除了"胜过别人"、"压倒别人"、"超越别人"这些寻常的素质之外，是否也应该同时有"坚持自己"的决心呢？

如果你能坚持下去，总有一个时候，连上帝都会屈服。

你有没有看见，人们愿意把爱心无偿地送给能坚持的人。小男孩得到的一半是自行车，另一半是来自别人的欣赏。

把鲜花送给对手

这是一场激烈的世界职业拳王争霸赛。

正在比赛的是美国两个职业拳手，年长的叫卡菲罗，35岁；年轻的叫巴雷拉，28岁。上半场两人打了六个回合，实力相当，难分胜负。在下半场第七个回合，巴雷拉接连击中老将卡菲罗的头部，打得他鼻青脸肿。

短暂的休息时，巴雷拉真诚地向卡菲罗致歉。他先用自己的毛巾一点点擦去卡菲罗脸上的血迹，然后把矿泉水洒在他的头上。巴雷拉始终是一脸歉意，仿佛这一切都是自己的罪过。

接下来两人继续交手。也许是年纪大了，也许是体力不支，卡菲罗一次又一次地被巴雷拉击倒在地。

按规则，对手被打倒后，裁判连喊三声，如果三声之后仍然起不来，就算输了。每次卡菲罗都顽强地挣扎着起身，每次都不等裁判将"三"叫出口，巴雷拉就上前把卡菲罗拉起来。卡菲罗被扶起后，他们微笑着击掌，然后继续交战。

裁判和观众都感到吃惊，这样的举动在拳击场上极为少见。

最终，卡菲罗以108∶110的成绩负于巴雷拉。观众潮水般涌向巴雷拉，向他献花、致敬、赠送礼物。巴雷拉拨开人群，径直走向被冷落一旁的老将卡菲罗，将最大的一束鲜花送进他的怀抱。

两人紧紧地拥在一起，相互亲吻对方被击伤的部位，俨然是一对亲兄弟。卡菲罗真诚地向巴雷拉祝贺，一脸由衷的笑容。他握住巴雷拉的手高高举过头顶，向全场的观众致敬。

卡菲罗虽然败了，但败得很有风度；巴雷拉赢了，却赢得十分大气。

在自己失败的时候，还能够坦然为成功的敌手庆贺，表现出的是一种难得的宽容和自信；在自己胜利的时候，还热情地给失败的对手以鲜花，这是一种人格境界上的更大成功——无论哪一种，都需要真诚的勇气。

213

穆律罗的骄傲

穆律罗是17世纪西班牙最有名的画家和贵族。在他众多的奴仆中，有一名叫塞伯斯蒂的青年人对绘画有一种与生俱来的热爱。每当穆律罗给学生上课时，塞伯斯蒂就在一旁偷偷观摩。

一天晚上，塞伯斯蒂一时兴起竟然在主人的画室里画起画来，以至于第二天早晨穆律罗和一群贵族朋友出现时，他都没有发现。穆律罗并没有惊动塞伯斯蒂，而是静静地望着他笔下优美的线条出神。塞伯斯蒂画完最后一笔，才发现身后的主人，他慌忙跪下，恳求主人饶恕。在那个等级森严的年代里，塞伯斯蒂是可以因此而被主人处死的。

这件事马上成了贵族们津津乐道的话题，就在他们纷纷猜测穆律罗会以何种方式严惩他的奴仆时，却听到了一个令人震惊的消息：穆律罗不仅给了塞伯斯蒂自由，而且要收他为徒。

这是当时的贵族们绝不允许的，他们开始疏远穆律罗，也不再去买他的画，人们都说穆律罗是个十足的傻瓜。

穆律罗对此却不以为然，他只是一笑：那些傻瓜怎能明白，塞伯斯蒂将会是我穆律罗最大的骄傲？

事实果如穆律罗所言，在今天意大利的艺术馆藏中，塞伯斯蒂的作品与他恩师穆律罗的名画被摆在同等重要的位置，而且都价值连城。人们只要提到塞伯斯蒂，一定要提到穆律罗的名字。

在绝望中燃烧生命

　　二战时期，在纳粹集中营里，一个叫玛莎的犹太女孩写过这样一首诗：

　　这些天我一定要节省，虽然我没有钱可节省

　　我一定要节省健康和力量，足够支持我很长时间

　　我一定要节省我的神经我的思想我的心灵和我精神的火

　　我一定要节省流下的泪水

　　我需要它们安慰我

　　我一定要节省忍耐，在这些风暴肆虐的日子

　　在我的生命里我有那么多需要的

　　情感的温暖和一颗善良的心

　　这些东西我都缺少

　　这些我一定要节省

　　这一切，上帝的礼物，我希望保存

　　我将多么悲伤

　　倘若我很快就失去了它们

　　即使在随时都可能死去的时候，玛莎仍然热爱着生命。她节省泪水，节省精神之火，用稚嫩的文字给自己弱小的灵魂取暖，用坚韧的希望照亮黑暗的角落。

　　很多人在绝望中死去，而这个当时只有 12 岁的小女孩玛莎，终于等到了二战结束，看见了新生的曙光。

　　生活在阳光下的人们，沉浸在美好生活中的人们，我们想没想过节省一点什么？在我们的心灵深处，能否经常看见一束火苗在跳动？

　　一个人，只要信念的火不熄灭，生命之火就会顽强地燃烧下去。

215

"韦博图山"的由来

这个故事发生在中世纪的德国，那年是1141年。巴伐利亚公爵沃尔夫被困在了他的温斯堡城中，城堡之外是斯瓦比公爵弗雷德里克及其兄长康纳德国王的军队。

围攻已历时数月，沃尔夫知道，他只能投降了。信使开始在两军之间频繁穿梭，投降的条款列出来了，条件被应允了，所有的安排都完备了，沃尔夫和他的军官们准备将自己交给死敌。

但是温斯堡里的女人们还没有打算放弃一切。她们给康纳德国王送去口信，要求许诺保证温斯堡内所有女人和儿童的安全，并且允许她们离开时，带走她们双手能够带走的所有东西。

她们的要求被准许了，接着，城堡的大门打开了。女人们走了出来——城堡外所有的人都对看到的一切大吃一惊：每个女人的腰都弯得低低的，但她们手里拿着的不是金子，也不是珠宝，而是紧紧抱着她们的丈夫。她们要救出她们的男人，不能让自己的男人受到这支获胜军队的报复。

康纳德，这位仁慈的国王，据说被这一壮举感动得流下了眼泪。他立即向这些女人宣布，保证她们的丈夫有完全的安全与自由。接着，国王与巴伐利亚公爵签订了和平条约，条约中的款项比公爵事先预想的要友善很多。因为，智慧的康纳德国王知道，一个拥有爱心的群体是不会被征服的。

从此以后，温斯堡更名为"韦博图山"。"韦博图"在德语中的意思是"女人的坚贞"。

勇气源于真爱，智慧也是一样，温斯堡的女人们用行动证明了这一点。什么时候你有了"坚贞的爱"，什么时候你就会变得勇敢，变得不可战胜。

只有爱才可以激起最强大的责任感，强大的责任感可以让一个人不顾一切。

觉 悟

朴实无华的光芒

HARVARD
FAMILY
INSTRUCTION

幸运的烟火

海难中只留下惟一的一个幸存者。

不幸的是，他被海水冲到了一个无人的荒岛上。每天，他除了祈祷上帝之外，就是跑到海边张望，看是否有船只经过。

但是，他总是失望而归。

无奈中，他用海上的浮板建造了一所小房子，用来遮风挡雨，用来存放他仅有的一些物品。

有　天，当他寻找食物回来的时候，发现小屋着火了，浓烟直冲天际，他所拥有的一点点财产都付之一炬。

他悲痛欲绝，同时又愤怒异常。他不禁跪在地上大声叫道："上帝呀，你为何这样对待我！"发泄了一番后，他便昏昏沉沉地睡了过去。

第二天一早，他被一阵嘈杂的声音惊醒，原来有一条船停靠在小岛旁，有几个人正站在他的身边。

他问："你们是干什么的？"

他们回答："来营救你。"

他问："你们怎么知道我在这里？"

他们回答："因为我们看见了烟火。"

希望常常在绝望中诞生——不管情况变得多么糟糕，我们都不要失去信心。

冬日来临了，春天的脚步还远远吗？

犹太人的请求

战火的硝烟在奥斯忒里兹尘埃落定。拿破仑打算犒赏英勇善战的各路将士。

"说说看，你们想得到什么？我会给你们所想要的一切，勇敢的英雄们！"皇帝说道。

"请陛下送给我一座城堡，让我在那里安度晚年！"一个波兰人大声说道。

"没问题！"皇帝承诺。

"我是个农夫，希望你给我一片辽阔的土地！"一个可怜的年轻斯洛伐克人请求道。

"孩子，你会得到土地的！"

"我要个酿酒厂。"一个德国人说。

"好，给你一个酿酒厂！"拿破仑说道。

下面轮到一个犹太人。

"陛下，请赐我一条鲱鱼，如果你愿意。"犹太人喃喃道。

"天哪！好，给他一条鲱鱼吧。"皇帝耸耸肩膀说。

皇帝走后，大家问犹太人，为什么只要一条鱼——他可是皇帝陛下呀！

"走着瞧吧！"犹太人说："你们要一座城堡，要农场，要酿酒厂——我敢说，皇帝给不了你们。我是个现实的人，我只要一条鲱鱼，兴许还能得到。"

那天晚上，犹太人就得到了他的鲱鱼。至于城堡、农场、酿酒厂之类，结果只是一个空口承诺而已。

一条鲱鱼怎么也没有一座城堡、一片农场和一家酿酒厂那样诱人，但只有它是最可能得到的。我们常常因所求太多，结果连一点也得不到。我们经常被美丽的承诺所迷惑，因而失去理智，做出不恰当的选择，最后只好两手空空。

丹尼斯的眼镜

老丹尼斯是一名木匠。1945 年的一天，他正在赶着做一批板条箱，那是教堂用来装衣服运到中国去救助孤儿的。干完活回家的路上，丹尼斯伸手到衬衫口袋里摸他的眼镜，突然发现眼镜不见了。他在脑子里把这一天做过的事情重新回顾了一遍，然后他意识到发生了什么：在他不注意的时候，眼镜从衬衫口袋里滑落出去，掉进了其中一只正在打钉子的板条箱里。

他崭新的眼镜就这样漂洋过海去了中国。

当时美国正值大萧条时期，丹尼斯要养活 6 个孩子，生活非常艰难，而那副眼镜，是他刚花了 20 美元买来的。他为又要重新买一副眼镜的念头烦恼不堪。"这不公平，"在沮丧的回家途中，他嘀咕道，"上帝啊，我一向对你忠诚，把我的时间和金钱都奉献给你，可是现在，你看……"

半年后，抗日战争胜利，中国那所孤儿院的院长，一个美国传教士，回美国休假。在一个星期天，他来到了丹尼斯所在的这所芝加哥小教堂。他一开始就热忱地感谢了那些援助过中国孤儿的人们，"但最重要的，我必须感谢去年你们送给我的那副眼镜。"他说，"大家知道，日本人扫荡了孤儿院，毁坏了所有东西，包括我的眼镜。我当时已经绝望了，就算我有钱，也没有办法重新配一副眼镜。由于眼睛看不清楚，我开始头疼。我每天做的第一件事就是向上帝祈祷：万能的主啊，赐给我一副眼镜吧！就在这个时候，你们的箱子运到了。当我的同事打开箱盖，他们发现真的有一副眼镜躺在那些衣服上。"

院长停顿了许久，好让自己的话音降低一些。然后，带着众人期盼的悬念，他继续说道："各位朋友，你们也许不相信，当我戴上那副眼镜，我发现它就像是为我度身定做的一样！我的世界顿时清晰起来，头也不疼了。我要感谢你们，是你们为我做了这一切！"

人们听着，纷纷为这副奇迹般的眼镜而欢欣。但是他们同时也在想，这位院长肯定是搞错了，我们可没有送过眼镜啊。在当初的援助物资目录上，根本没有眼镜这一项。

只有一个人清楚这是怎么回事。他静静地站在后排，眼泪流到了脸上。在所有的人当中，只有这个普通的木匠知道，上帝是以怎样一种不同寻常的方式创造了奇迹。

相信上帝，就应该相信奇迹，因为他拥有无与伦比的力量。

然而，上帝所有的奇迹都是通过人类有爱的手创造的，通过人类有爱的心传播的。如果我们自己不愿去创造奇迹，上帝只怕也无能为力；如果我们拥有坚定的信念，即使上帝缺席的时候，奇迹也会发生。

我们坚信上帝，我们也要让上帝坚信我们。

花儿努力地开

有一个人突然想学画，可是又犹豫不决，就去问他小学的老师："再过4年，我就44岁了，能行吗？"

老师对他说："怎么不行呢？你不学画，再过4年也是44岁啊！"他想了想，瞬间开悟了，第二天就去艺术学校报了名。

一个朋友，几年前跟人合伙做生意。不幸货船突遇风浪，他们的财产和梦想也随之坠入海底。经不起这个打击，他从此变得萎靡不振，神思恍惚。

当他看到合伙人遭遇变故后依然如从前那样无忧无虑时，就去问他原因。那人对他说："你咒骂，你伤心，日子一天天过去；你快活，你欢乐，日子也一天天过去。你选择哪一种呢？"

人就是这样，当你以一种豁达、乐观向上的心态去构筑未来时，眼前就会呈现一片光明；反之，当你将思维困于忧伤的樊笼里，未来就变得暗淡无光了。长此下去，不仅最起码的信念和勇气会泯灭，身边那些最近最真的欢乐也将失去。

对每一个人来说，那些如空气一样充塞在身边的欢乐才是最重要的，它构成了我们生命之链上最真实可靠的一环。如果你不用心抓住，它们就会一节一节地松落，欢笑怎么能向下延续呢？

有一首诗写道："你知道，你爱惜，花儿努力地开；你不知，你厌恶，花儿努力地开。"花儿总是在努力地开，美好的日子也一天天地自然流逝，你是欣喜地度过每一天，还是痛苦地挨过每一日？

面对命运遭际，难道我们还不如一朵花吗？

223

你比谁都幸福

假如将全世界的人口压缩成一个 100 人的村庄，那么这个村庄将有：

57 名亚洲人，21 名欧洲人，14 名美洲人和大洋洲人，8 名非洲人；52 名女人和 48 名男人，30 名白人和 70 名非基督教徒，89 名异性恋和 11 名同性恋；

6 人拥有全村财富的 89%，而这 6 人均来自美国；80 人住房条件不好；70 人为文盲；50 人营养不良；1 人正在死亡；1 人正在出生；1 人拥有电脑；1 人（对，只有一人）拥有大学文凭。

如果我们以这种方式认识世界，我们就可以理解下列信息：

⊙ 如果你今天早晨起床时身体健康，没有疾病，那么你比其他几千万人都幸运，他们甚至看不到下周的太阳；

⊙ 如果你从未尝试过战争的危险、牢狱的孤独、酷刑的折磨和饥饿的煎熬，那么你的处境比其他 5 亿人更好；

⊙ 如果你能随便进出教堂或寺庙而没有任何被恐吓、强暴和杀害的危险，那么你比其他 30 亿人更有运气；

⊙ 如果你的冰箱里有食物可吃，身上有衣可穿，有房可住，有床可睡，那么你比世界上 75% 的人更富有；

⊙ 如果你在银行有存款，钱包里有现钞，口袋里有零钱，那么你属于世界上 8% 最幸运的人；

⊙ 如果你父母双全没有离异，那你就是很稀有的地球人；

⊙ 如果你读了以上的文字，说明你就不属于 20 亿文盲中的一员，他们每天都在为不识字而痛苦。

去工作而不要以挣钱为目的；去爱首先忘记所有别人对你的不好；去跳舞而不管是否有他人关注；去唱歌而不要想是不是唱得动听；去生活就像这个世界是天堂。你若能够这样做，一定比生活在真正的天堂还幸福。

鲁弗斯的金币

在一间很破的屋子里，有一个穷人鲁弗斯，他穷得连床也没有，只好躺在一条长凳上。

鲁弗斯自言自语地说："我真想发财呀，如果我发了财，我就做一个慷慨的好人……"

这时候，鲁弗斯身旁出现了一个魔鬼。

魔鬼说："我能让你发财，我会给你一个有魔力的钱袋。"

魔鬼又说："这钱袋里永远有一块金币，永远都拿不完。但是你要注意，在你觉得够了时，就要把钱袋扔掉，这时才可以开始花钱。"

魔鬼说完话就不见了，鲁弗斯发现，身边真的有了一个钱袋，里面装着一块金币。

鲁弗斯把那块金币拿出来，里面又有了一块。鲁弗斯不断地往外拿金币，一直拿了整整一个晚上，他已经有了一大堆金币。

鲁弗斯想：这些钱已经够我用一辈子了。

到了第二天，鲁弗斯很饿，很想去买面包吃。但是在他花钱以前，必须扔掉那个钱袋，于是便拎着钱袋向河边走去。可是来到河边他又舍不得扔，于是又回来了。

鲁弗斯又开始从钱袋里往外拿钱。每次当他想把钱袋扔掉之前，总觉得钱还不够多。

日子一天天过去了。鲁弗斯完全可以去买吃的、买房子、买最豪华的车子。可是他对自己说："还是等钱再多一些吧！"

鲁弗斯不吃不喝地工作着，金币已经快堆满屋子了。他变得又瘦又弱，脸色像蜡一样黄。

鲁弗斯虚弱地说："我不能把钱袋扔掉，我要源源不断的金币……"

鲁弗斯看起来已经有气无力了，但他还是颤抖着手往外掏金币。最后终于死在他的长凳上。

知足是最难得的品质，永无止境的贪欲会毁掉我们的一切希望。

金币永远都有，魔鬼永远都有，欲望永远都有，可惜我们享受快乐的机会不是永远有，我们可以享受快乐的时光不是永远有。

扔掉钱袋吧，你已经足够了……

你总是觉得我们给你买的玩具还不够多，给你的零用钱也不够多。可是，艾力克，你知道我们的每一分钱是怎么挣来的？你知道我们挣每一分钱的时候付出了多少艰辛？看看你这个月的支出账单，我希望你会为自己的挥霍无度而羞愧。

68岁考耶鲁

阿克塞波青年时代喜欢学习语言，学习历史，喜欢阅读文学作品。当他从欧洲来到美国定居的时候，白天在磨坊干活，晚上就读书。但没过多久，他就结了婚，此后，他的精力全都用在应付农场的日常工作和家庭的各种开销上。多年过去了，他再也找不到时间学习。

63岁那年，他决定退休。孩子们请他和他们同住，但阿克塞波拒绝了。"不，"他回答说，"你们搬到我的农场来吧。农场归你们管理，我上山去住，我在山上能望见你们。"

他在山上修建了一间小屋，自己做饭，自己料理生活，闲暇时去公立图书馆借许多书回来阅读。他觉得自己从来没有生活得这么自在。

他一反过去的习惯，早晨常常在床上躺到七八点钟，吃罢饭，往往还"忘记"打扫房间或清洗碗碟。后来，他甚至开始在夜间外出散步，他发现了黑夜的奥秘，他看到了月光下广阔的原野，听到了风中摇曳着草和树的声音。有时他会在一座小山头停下来，张开双臂，站在那里欣赏脚下沉睡的土地。

阿克塞波从图书馆借来的书中有一本小说，这本小说让他感触很深。小说的主人公是一名耶鲁大学的青年学生，小说主要叙述他怎样在学业和体育方面取得的成就，还有一些章节描述了他丰富多彩的校园生活。

阿克塞波现在68岁了，一天凌晨，他读完了这本小说的最后一页。这时，他突然作出了一个决定：上大学，上耶鲁大学。

他一辈子爱学习，现在他有的是时间，为什么不上大学？

为了参加入学考试，他每天读书10个小时。他读了许多书，有几门学科他已有相当把握。于是他购置了几件像样的衣服，买了一张去康涅狄格州纽海芬的火车票，直奔耶鲁大学。

他的考试成绩合格了，于是顺利被耶鲁大学录取。入学还不到两个星期，阿克塞波就发现，同学们对他似乎格外尊重，不仅仅因为他年龄大，还因为他来上学的目的与众不同。别人选修的科目，都是为了有利于以后找工作、挣钱，而他和大家都不一样，他对有助于挣钱的科目不感兴趣。

他是为了快乐而学习，他学习的目的是要了解人类的过去和未来，了解世界的奥秘，弄清楚生活的目的，使自己的余生过得更有价值。教授对学生们说，阿克塞波才真正是在学习。

几年后，阿克塞波完成了学业，并获得了学位，而且健康充实地活到95岁。

永远不要觉得时间晚了。天地不知晚，天地长久；日月不知晚，日月永辉。

过好你迎来的每一天，实施你的每一个决定，感受你正在感受的一切，收获你种下的所有果实——这就是生活！

最晚的时间，就是你犹豫徘徊的现在；最快乐的生活，就是马上开始做你最喜欢的事情。

一个乞丐的人生哲学

　　几年前，摄影师杰佛逊搭乘长途汽车在美国的各城市间漫游，为他的摄影创作寻找素材。就在这次旅行的最后一站西雅图市，他遇见了兰迪·麦克理。

　　兰迪大约有六七十岁，但看起来像已经超过了100岁。他的披肩长发灰白零乱，其间夹杂着头天晚上在窝棚里睡觉时沾带的旧棉絮。他的衣服乌一块紫一块，浑身散发着酒精和尿汗的气味。

　　杰佛逊遇见兰迪时，他正站在西雅图市中心的人行道上向路人乞讨，他面带微笑，双手前伸。其实，他每天都这么站着，人们从他的身边来来往往，要么没意识到他的存在，要么干脆躲避着他。

　　尽管如此，兰迪的脸上仍然挂着微笑，他的微笑是真诚和令人愉悦的。那天，杰佛逊在一旁观察了很久，他觉得兰迪是一个很好的拍摄素材，于是同他谈了谈，同意付给他一些小费。他很痛快地答应了。

　　随后的三天里，杰佛逊一直躲在暗处拍摄兰迪·麦克理的生活。他还同以前一样，站在市中心熙熙攘攘的街口，伸出双手，面带微笑向人们讨钱。

　　第三天下午，来了一位小姑娘，大约六七岁的样子，穿着整洁合体的衣服，头上梳着小辫。她走近兰迪，从后面轻轻拽了拽他的衣角。兰迪转过身，小姑娘伸手将一个东西放到他的手心里，刹那间兰迪喜笑颜开。只见他马上伸手从口袋中掏出什么放进小姑娘的手里，小姑娘也顿时兴奋不已，欢蹦乱跳地向不远处一直望着她的父母跑去。

这个情景是杰佛逊没有料到的，他激动地连连按下快门，几乎把其间发生的每一个细节都全部拍摄下来。当时他很想立刻从隐蔽处跳出来，看一看一个乞丐和一个小女孩究竟交换了什么神奇的东西，但他最终还是努力地克制了自己。

当这一天的工作结束后，杰佛逊终于向兰迪提起困扰了他一整天的问题。

"很简单。她走过来，给了我一枚硬币；反过来，我又送给了她两枚。" 杰佛逊感到很疑惑，问他为什么这样做。兰迪·麦克理摊开双手解释道："我想告诉她：你付出了，你就会收获得更多。"

连乞丐都懂得的道理，普通人却不一定懂得。对于付出这种行为，我们只看得见"付出"，但看不见"收获"。人们会问：我在"付出"的之后能"收获"什么呢？

如果你还没有付出就想着收获，可能真的什么也收获不了；如果你付出是心甘情愿，根本没想到收获的话，那么，你当即就开始收获了，那就是"快乐"。

其实就这么简单

杰克在脚踏车修理店当学徒，有人送来一部有故障的脚踏车，杰克除了把车修好，还把它整理得漂亮如新。其他人笑他多此一举，杰克却保持沉默。过了一个星期，杰克就被修脚踏车的那个人请进了自己的公司。

⊙原来出人头地很简单，吃点亏多做点事就可以了。

有个小孩对母亲说："妈妈今天好漂亮！"母亲问："为什么？今天没有什么不同呀！"小孩说："妈妈今天没有生气。"

⊙原来拥有漂亮很简单，只要不生气就可以了。

有个农场主人，叫他孩子每天在农场上辛勤工作，朋友对他说："你不让孩子如此辛苦，农作物一样会长得很好的。"主人回答说："我不是培养农作物，是在培养我的孩子。"

⊙原来培养孩子很简单，让他吃点苦头就可以了。

有一家商店经常灯火通明，有人问："你们店里到底是用什么牌子的灯管？怎么那样耐用？" 店家回答说："我们的灯管也常常坏，只是我们坏了就换而已。"

⊙原来保持明亮的方法很简单，只要常常更换就可以了。

住在田边的青蛙对住在路边的青蛙说："你那里太危险，搬来跟我一起住吧！"路边的青蛙说："我已经习惯了，懒得搬了。"几天后，田边的青蛙去探望路边的青蛙，发现它已被车子碾碎在路上。

⊙原来掌握命运的方法很简单，远离懒惰就可以了。

有几个小孩子很想当天使，上帝给他们一人一个烛台，让他们每天擦拭保持光亮。一天两天过去了，上帝再没露面，那些小孩就不再擦拭烛台。有一天上帝突然造访，几乎每个人的烛台都蒙上厚厚的灰尘。只有一个小孩，大家都叫他"笨笨"，即使上帝没来，他也每天都擦拭，结果这个笨小孩成了天使。

⊙原来成为天使很简单，只要实实在在做事就可以了。

有只小猪，向神请求做他的门徒，神欣然答应。刚好有一头小牛由泥沼里爬出来，浑身都是泥泞。神对小猪说："去帮他洗洗身子吧！"小猪诧异地答道："我是神的门徒，怎么能去侍候脏兮兮的小牛呢？"神说："你不去侍候别人，别人怎么会知道你是我的门徒？"

⊙原来要变成神很简单，只要真心付出就可以了。

有一支淘金队伍在沙漠中行走，大家都步伐沉重，痛苦不堪。只有一人快乐地走着。别人问："你为何如此惬意？"他笑着："因为我带的东西最少。"

⊙原来快乐很简单，拥有少一点就可以了。

生活里的种种不顺心，并非因为有多少重要的大事没有做好，而仅仅是因为我们没去留意那些最简单的小事情。

让生活变得好一些是很简单的，只需要做一点点事就行了；让生活变得很糟糕，也是很简单的，只是按相反的思路做一点点事就行了。

为什么我们不去做一点点让生活变得快乐的事情？

人生四句话

一位 16 岁的少年去拜访一位老人。

少年问："我怎样才能变成一个自己愉快，同时也能给别人带来快乐的人呢？"

老人笑着说："孩子，在你这个年龄有这样的愿望，实属难得。我送给你四句话吧。"

少年细心聆听老人的教诲。

"第一句话：把自己当成别人。"

少年说："在我痛苦忧伤的时候，把自己当成别人，这样痛苦自然就减轻了；当我欣喜得意之时，把自己当成别人，那样，狂喜也会变得平和一些。是不是这样？"

老人点点头。接着说："第二句话，把别人当成自己。"

少年沉思了一会儿，说："这样就可以真正同情别人的不幸，理解别人的需要，并给予他人适当的帮助。"老人笑望着年轻人。

老人继续说："第三句话：把别人当成别人。"

少年默默地思索着，然后抬头看着老人："这句话是不是说，要充分尊重身边的每个人，不要将自己的意愿强加于人，学会包容和谅解，因为每个人都是不同的。"

"很好，就是这样！"

老人接着说："第四句话是，把自己当成自己。"

见年轻人似懂非懂，老人温和地说："这句话理解起来也许太难，留着你以后慢慢品味吧！"

少年沉吟很久，说："我想，它至少包含有这样的意思，那就是：我们必须为自己负责。"

老人微笑，未置可否。

少年又问："请问，这四句话怎样才能统一起来呢？"

老人说："很简单，用一生的时间和经历。"

人生四句话

> 我觉得做一只狗比做一个人好。人从小就得应付许多事情，做作业、考试、处理人际关系、体育竞赛……多累！而作为狗，只考虑饿了之后能在哪里找到东西吃就行了。多好！偶尔我也孤独，不过，那只是一闪而过的感觉而已。

把自己当成别人是豁达，把别人当成自己是宽容，把别人当成别人是睿智，把自己当成自己是彻悟。

生活永远有两个选择

　　杰里是一个永远充满快乐的人，他不仅自己生性乐观，并且善于激励别人。他有一套独特的人生哲学，他坚信：任何时候人都有两种选择，那么你应该去选择积极的那一种。

　　一次，杰里遭人抢劫，腹部被三颗子弹击中，他住进了医院，很多人都为他担心，可是不久他便痊愈了。同事们关切地问他："中弹的时候，你想些什么呢？"杰里拍了拍同事的肩膀，哈哈一笑："在那一瞬间，我想到我有两个选择，一个是选择生，一个是选择死，而我选择了生。所以我认定我去的那家医院，是全国最好的，那里的医疗技术更是一流的。"杰里喝了点水继续说，"可是，他们在手术时，好像是把我看成一个垂死的人。我向医生们做了个鬼脸，使劲地喊了起来：'啊，我过敏呀！'当他们问我对什么过敏时，我说：'我对子弹过敏！还对冷漠过敏！'医生们都大笑起来，我的手术顺利地做完了。"

　　一天，一个朋友问杰里："我不明白，你怎么可能一直都保持积极乐观呢？你是怎样做的呢？"杰里笑着回答说："每天早晨醒来，我就对自己说：杰里，今天你有两个选择——你可以选择一个好心情，也可以选择一个坏心情。而我选择了好心情；每当有坏事发生的时候，我可以选择受害者的角色，也可以选择主宰者的角色，而我选择了后者；每当有人向我抱怨时，我可以消极地听取抱怨，也可以给他们指出解除烦恼的方法，而我总是选择主动帮助别人，向他们提出好的建议。生活永远是由两个选择构成的，你要永远选择好的那一个。"

　　一个积极进取的人，必然会拥有一个绚丽而热烈的内心世界，这个世界每时每刻都会产生巨大无穷的精神力量。

　　生活看起来沉重而复杂，但将它简化为"两种选择"之后，一切都变得轻松明了。

235

亿万富翁还抱怨什么

有一位生活在费城的年轻人，整天唉声叹气，愁眉不展，逢人便吐苦水："我实在是太不幸啦！父母没有给我留下遗产，我没有别墅，没有小汽车，甚至连到海边度一次假的钱都没有。"

一位老者对年轻人说："我有办法让你很有钱，但必须用你所拥有的东西来交换。你愿意吗？"

年轻人高兴地说："我有什么东西值钱吗？如果有，你要什么我都愿意，只要你能让我成为富翁。"

"我出 50 万买你的一只手，你愿意吗？"

"啊？一只手？我舍不得手。我不愿意！"青年人毫不犹豫地拒绝了。

"那么，我用 100 万买你的一条腿，可以吗？" 年轻人又坚决地摇了摇头。

"一只眼睛呢？200 万？" 年轻人恐怖地直摇头。

老者笑了："你看，你现在至少已经拥有了 350 万，只是暂时还不想要这笔钱。年轻人，一个有手、有脚、有眼睛的人还怕没有钱吗？实际上，凭你所有的一切，你已经就是一位亿万富翁。一位亿万富翁还有什么可抱怨的呢？"

听完老人的话，年轻人怔了片刻，羞愧地走了。他悟出了一个道理：在这个世界上我们什么都有了，如果我们不快乐，也许因为我们还缺少两样东西：一个是自足，一个是自信。

金钱怎样考验我们

　　诺贝尔经济学奖获得者，美国心理学家丹尼尔·卡伊曼，第一次把心理学研究和经济学研究结合在一起，对人的行为，尤其是对不确定条件下的判断和决策行为提出了崭新的解释。

　　他发现，风险决策后的输赢结果对人而言是不对等的，减少100元带给人的痛苦，远远大于增加100元带给人的愉快。他的基本结论是：人们最在乎的是他们已经得到的东西。

　　⊙我们是不是这样：收别人的钱时可以少收一角，给别人付钱时却不愿多付一分。

　　⊙有钱的人很容易成为守财奴，没钱的人却并不幻想成为富翁。

　　⊙攒了10天的100元钱丢了，只痛苦一天；攒了10年的100元钱丢了，要痛苦100天。

　　⊙欠别人的钱一天，可能　天都心有不安；如果欠了一年又一年，则可能永远心安理得。

　　⊙一个穷人可能会一辈子过着贫穷快乐的生活，而一个一夜之间变成穷人的富翁则可能一天都活不下去。

　　⊙没到手的钱很多人都不愿意伸手，到手的钱很多人都舍不得撒手。

　　⊙有人为了讨回自己的一元钱，甚至愿意花100元钱去打官司；但没有人愿意花100元钱的成本，去赚别人的101元钱。

　　⊙有时，我们宁肯少挣100元钱，也不愿与人吵吵嚷嚷；但有时，我们为了少付10元钱，却不惜与人斤斤计较。

237

⊙煮熟的鸭子飞了，有人可能要发疯；活鸭子从眼前飞过，人们却可能无动于衷。

⊙在这个世界上，会省钱的人，总是比会赚钱的人多。

⊙如果没有那一笔钱，你可能不会觉得命运对你不公；如果失去那一笔钱，你就会觉得命运总是与你过不去。

⊙你可能为此惊奇过：如果你有一张百元大钞，10天后，你发现仍原封不动地装在身上；如果你有100元零钞，三天后，你发现竟在不知不觉中花光了。

⊙有钱的人想的是拿一分钱赚一分钱，没钱的人只是想怎样将一分钱掰成两半儿花。

⊙什么都没有的人看起来却像什么都有，什么都有的人看起来有多少都不够。

⊙在消费环节，富人总是赊账，比如签单；而穷人总是付现钱。

⊙在适当的时候，装成一个穷人，可能会对钱看得淡一些；同样，在适当的时候，装成一个富人，则可能对钱看得清一点。

⊙到了手的才是钱，不到手的钱再多也只是一句承诺，或者一纸合同。

⊙在不同的钱面前，人与人不一样；在不同的人面前，钱与钱不一样。

金钱的价值本来是人赋予的，但当它拥有了流通和交换的价值功能时，就开始无情地左右人的思想和行为。

看一看我们的生活，有多少时候，我们的快乐或痛苦、宁静和烦恼是由我们自己作主？是金钱在每时每刻让我们流泪或欢笑。这到底是金钱的可恶，还是人自己的可怜？

天堂的位置

在得克萨斯州的一所小学里，一群天真无邪的孩子经常向玛琳娜老师询问天堂在哪里。为了满足孩子们的好奇和求知欲望，玛琳娜老师请来了莫迪神父。

莫迪神父首先在黑板中间画了一条线，把黑板分成两边，左边写着"天堂"，右边写着"地狱"。然后对孩子们说："我要求你们每一个人分别在'天堂'和'地狱'下面写下与你们的想像或期望相符的内容。"

孩子心目中的天堂就这样呈现出来了：

花朵、欢笑、树木、天空、爱情、阳光、诗歌、春天、音乐……

在"地狱"这一边，孩子们写下了这样一些字眼：

黑暗、肮脏、恶魔、哭泣、残杀、恐怖、仇恨、流血、丑陋……

等孩子们写完之后，神父对他们说："正如大家所知道的，天堂是具备了一切美好事物与美好心灵的地方，这个地方有人叫作天堂，有人叫作天国，或者净土，极乐世界。

地狱呢？正好相反，是充斥了一切丑恶事物与丑恶心灵的地方。那么，有没有人知道：人间在哪里呢？"

孩子们说："人间是介于天堂与地狱之间的地方。"

神父说："错了。"

孩子们露出不可解的神色。

神父告诉孩子们："人间不是介于天堂与地狱之间。人间既是天堂，也是地狱。当我们心里充满爱的时候，就是身处天堂；当我们心里怀着怨恨的时候，就是住在地狱！"

如果人一直怀着丑恶的心态生活，无论他处在什么环境，他的生活也是黑暗的，那么，他就等于是地狱里的人；如果一个人内心充满了美好的情感，有着爱与善的品质，那他就是天堂里的人。

如果在远离我们人间的地方确有一座天堂，它也只是为那些心里怀有天堂美景的人所准备的，惟有这样的人才能到那里享受上帝的嘉奖。

明天的树叶不会今天落下

　　一个小男孩，家门前有几棵大树。秋天起风的时候，树上的叶子就随风飞到院子里。于是，父亲就交给他一项任务，要他每天上学前将树叶打扫干净。

　　对他来说，天刚亮就起床打扫树叶实在是一件苦差事。秋冬之际，树叶好像互相约好了似的，总是不停地落下来。头一天扫完了，第二天照常落满庭院；刚刚清扫完，一会儿又落下几片，似乎总是扫不净。

　　后来，男孩从别人那里得到一个好主意：扫地之前，先将树使劲儿摇晃，这样就可以将第二天的树叶也摇落下来。这个主意令男孩兴奋不已，于是他起了个大早，扫地之前使劲儿将院外的树一棵棵摇了又摇。男孩累得满头大汗，这才发现摇树比扫地还累。但他毕竟做了一件让自己满意的事，那一天他非常开心。

　　第二天，他高高兴兴地起床。谁知开门一看，院子里依然是落叶满地。男孩傻了眼，可他还是不死心，又去抱着树摇了又摇。但无论今天怎样用力，到明天清晨，还是会看到满地的黄叶。

　　父亲知道了男孩的烦恼，他没有责怪儿子。他告诉他，每天都会有落叶，今天只落今天的树叶，明天的树叶只能在明天落下。男孩站在满地落叶中，看着慈祥的父亲，突然大彻大悟。

万事都不可急于求成，做好今天的事情，就是对一生负责。